漫话区块链

楚谚 褚韵涵 李霁月 ◎ 著

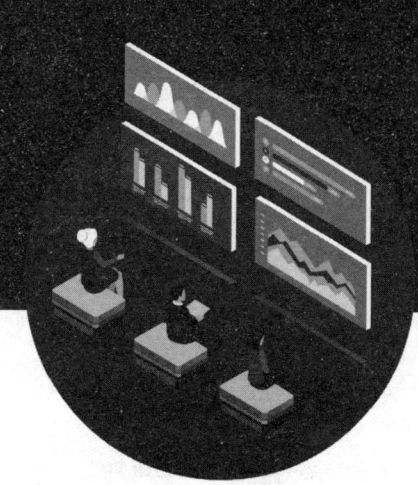

重庆出版集团 重庆出版社

图书在版编目(CIP)数据

漫话区块链 / 楚谚, 褚韵涵, 李霁月著. —重庆:重庆出版社, 2022.1
ISBN 978-7-229-16208-5

Ⅰ.①漫… Ⅱ.①楚… ②褚… ③李… Ⅲ.①区块链技术 Ⅳ.①F713.361.3

中国版本图书馆CIP数据核字(2021)第231258号

漫话区块链
MANHUA QUKUAILIAN
楚 谚 褚韵涵 李霁月 著

责任编辑:钟丽娟
责任校对:杨 婧
装帧设计:八 牛

重庆出版集团 出版
重庆出版社

重庆市南岸区南滨路162号1幢 邮编:400061 http://www.cqph.com
重庆出版社艺术设计有限公司制版
重庆市国丰印务有限责任公司印刷
重庆出版集团图书发行有限公司发行
E-MAIL:fxchu@cqph.com 邮购电话:023-61520646
全国新华书店经销

开本:890mm×1240mm 1/32 印张:7 字数:145千
2022年1月第1版 2022年1月第1次印刷
ISBN 978-7-229-16208-5
定价:45.00元

如有印装质量问题,请向本集团图书发行有限公司调换:023-61520678

版权所有 侵权必究

序言：区块链与数字经济

区块链技术是实现数字经济的重要基础技术，随着区块链技术的成熟与完善，已成为推进数字经济发展的重要模块。

在实施"国家大数据战略"过程中，数字经济已经逐渐成为国家经济发展的新动能、新模式、新业态。发展数字经济促进产业集群数字化，推动企业数字化转型，将有利于推动经济向高质量、高水平、高动力发展。区块链是推动数字经济发展的重要技术，需要与各个产业发展形成联动模式，在创造新产业的同时与原有产业深度融合，加快全产业链经济发展数字化的过程，进而推动国家数字经济的高速发展。

随着区块链技术的发展，相关领域的从业者不断增加，人们对于区块链的研究热情空前高涨。本书通过深入浅出、生动形象的案例，系统介绍了区块链技术的发源、发展和应用等基础知识，让区块链技术的初学者对区块链技术形成概念化的理解。同时，增加了最新的利用区块链技术推进数字经济发展成果的内容。在技术原理上，本书对区块链技术与国内外现有相关衍生物，进行了客观中性的介绍。内容紧跟时代需要，系统翔实，能够让更多的读者深入地了解区块链渊源，掌握区块链新技能，把握区块链行业发展趋势。同时也应该注意到利用区块链技术所进行的业务应在国家的法律允许范围内进行，严格遵守国家相关法律法规，防范金融风险。

对于区块链的研究不可能一蹴而就，编写此书也是作者不断学习总结的过程，其中借鉴参考了许多专家、学者、机构的研究成果，在此向各位表示真诚的感谢。由于时间仓促，作者的水平有限，有编写错误、疏忽和不当之处在所难免，如有争议内容，请及时与我们取得联系，我们会在第一时间予以修正，并在本书再版时及时调整。本书属于合著书籍，由三位作者分别完成，在此也感谢所有对本书提供支持与帮助的参与人员！

作者

2021年9月5日星期日

目录 Contents

序言：区块链与数字经济 / 001

第一章
自然的智慧，分布式系统

1.1 自律分散控制系统 / 003

1.2 凯文·凯利笔下的"蜂群思维" / 005

1.3 区块链与分布式系统 / 007

第二章
区块链技术原理

2.1 区块链技术概览 / 014

2.2 区块链密码学基础——哈希运算 / 019

2.3 哈希运算的应用（默克尔树）/ 028

2.4 非对称加密技术保障区块链上的资产 / 033

   2.4.1 对称加密 / 033

   2.4.2 非对称加密 / 035

   2.4.3 区块链中的交易数据 / 040

2.5 共识机制 / 042

   2.5.1 什么是共识机制 / 042

   2.5.2 拜占庭将军问题 / 045

   2.5.3 共识算法 / 047

第三章

比特币与区块链

3.1 比特币的起源 / 055

3.2 比特币网络与交易 / 057

第四章

区块链变革 1.0、2.0、3.0

4.1 通过分布式网络构建的点对点电子现金系统
——比特币 / 065

    4.1.1 POW 算法 / 067

    4.1.2 椭圆曲线加密算法 / 069

    4.1.3 底层网络 / 070

    4.1.4 UTXO 账户 / 071

    4.1.5 交易规则 / 074

    4.1.6 "挖矿" / 075

    4.1.7 加密方式 / 076

4.2 通过分布式平台创建的智能合约——以太坊 / 077

    4.2.1 智能合约 / 081

    4.2.2 以太坊虚拟机 / 083

    4.2.3 去中心化应用（DAPP）/ 084

4.3 通过共识协议创造的激励机制 / 085

第五章

数字资产——新基建重构未来数字经济新形态

5.1 什么是数字资产 / 095

5.2 互联网时代下的数字资产 / 100

5.3 区块链时代下的数字资产 / 102

5.4 数据的权利,数据即资产 / 105

 5.4.1 数据确权界限清晰 / 106

 5.4.2 数据权利不受侵犯 / 106

 5.4.3 数字资产可复制性被限制 / 107

 5.4.4 解决数据资产共享问题 / 108

 5.4.5 数据资产更加安全可信 / 109

 5.4.6 数字资产类目扩大 / 110

5.5 区块链为信息自由公正赋能 / 115

5.6 数字资产的管理,新趋势下的新业态 / 117

第六章

交易革新——区块链构建数字经济的交通枢纽

6.1 来自世界另一端的"诗"和"远方"的需求 / 125

6.2 分布式交易系统与传统交易所的对比 / 131

6.3 分布式交易重构链上资产多元主体关系 / 136

 6.3.1 未来分布式交易系统的分类 / 139

 6.3.2 0x交易所——最早分布式交易雏形 / 141

6.4 没有交易所的世界 / 144

第七章
"区块链+"——数字化世界

7.1 权益类 / 158

7.2 信托类 / 161

7.3 债券类 / 162

7.4 保险类 / 165

7.5 票据类 / 167

7.6 产权类 / 169

7.7 版权类 / 172

7.8 征信类 / 177

7.9 游戏类 / 178

第八章
数字经济的下一个路口

8.1 从信息互联到价值互联 / 187

8.2 数字经济的下一个路口 / 190

8.3 数字存在于万物的世界 / 195

参考文献 / 199

第一章

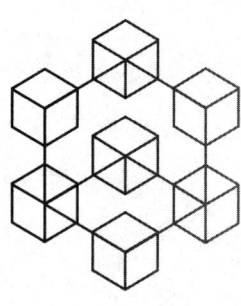

自然的智慧，分布式系统

如果有一天，谷歌关掉了所有的服务器；

如果有一天，BAT（中国互联网公司三巨头。B指百度，A指阿里巴巴，T指腾讯）所构造的互联网世界中，只有他们才能拥有裁决权；

那么这个世界将变得怎么样呢？

现在被大众熟知的区块链的概念，最早是由中本聪的《比特币：一种点对点的电子现金系统》一书中提出的，该书以颠覆的概念向世人详尽分析和阐述了由密码学原理所驱动的电子现金系统——比特币。

1.1 自律分散控制系统

人类对科学技术的探索和感知，很多时候其灵感起源于生物学。

1977年，森欣司（日本）教授根据当时计算机系统及生物学的概念，提出了自律分散系统的概念。

森欣司认为，集中式系统面临中央系统停止运行后系统即瘫痪的问题；其次，必须关闭系统才能做出维护和扩展终端，许多问题将自律分散系统视为方法论，其核心为摒弃中央计算机为中心、从各个子系统出发。笔者认为此自律分散系统的提出对于后来的自动化系统及分布式网络均产生了影响。

在线扩展、维护和容错性是该自律分散系统的主要特点，其能很大程度上解决大型系统所面临的问题，解决了计算机网络控制、管理以及在线扩展与维护问题。分子生物学作为当时一个全新的学术学科，受到了众多追捧，在启发了其他学科的同时，也影响了当时森欣司对于自律分散系统的构思。分子生物学中，生物系统由许多的素细胞组成，均质细胞的相互作用和影响，同时也进行不断的成长、自我修复，但是生命机能却全然不受影响。

这影响了当时森欣司对于自律分散系统的构思：就像生物是由均匀的细胞组成的一样，系统也应该可以由相似的"均质细胞"子系统构成。森欣司预感到分散系统的时代或将到来，也结合当时的学术背景提出了全新的系统概念——自律分散控制系统，以解决传统的集中系统所面临的各种问题。自律分散系统的特性与现在的分布式网络有非常大的相似性。

首先，自律分散系统有自律可控性（autonomous controllability)和自律可协调性(autonoumous coordinability），强调无论哪个"子系统"因施工或维修而发生故障，在运行中的其他"子系统"都可以继续工作，并且通过相互协调，最终达到各司其职、维护系统稳定的目的。"子系统"由它们自己的本地管控装置加以管控，在局部控制层面则具有分散与自律属性，相较于其他"子系统"而言具有一定独立属性。

其次，分散控制结构由多个子系统（元素）组成，通过"数据场"和间接通信进行数据交换和共享，使得总系统的可靠性、可扩展性和灵活性均得到了有效提升。

森欣司从生物学上受到启发，改进了集中控制系统的不足，构思设计了自律分散控制系统，这些"控制分散、在线维护、在线扩展"的基本理念也为现如今分布式系统的参考，起到了有益的借鉴和指导。

1.2 凯文·凯利笔下的"蜂群思维"

从生物学上得到灵感的不仅有森欣司，还有美国作家凯文·凯利。其书《失控：机器、社会与经济的新生物学》写作于1994年，却超前预言了此后科技行业中非常多的概念，包括物联网、元宇宙、云计算、区块链、网络社区和网络经济等。

在《失控：机器、社会与经济的新生物学》中，凯文·凯利率先提出了"蜂群思维"的概念。他认为没有一只单独的蜜蜂能真正地控制蜂群,蜂群的飞行路线并不是由蜂后决定,而是由所有蜂群的意愿集体而为之。当所有蜜蜂聚在一起的时候,它们通过"跳舞"互相交流,表达自己的意愿,在达到一定程度时,"集群"现象就会涌现,然后越来越多的蜜蜂加入这个集群中,逐渐地,整个蜂群就按照这个群体的方向前进。这种集体的思维是个体感知和存在的记忆的分布式记忆,它是由同一个体高度的个体连接到一个活系统中,活系统中也遵循"权力下放",并没有强有力的中心控制,却受一只无形的手控制,当"集群"出现的时候也代表了"群体智慧"的出现,且这个群体智慧一定能超过个体思维。

凯文·凯利笔下的这种活系统有自适应能力、可进化、有弹性,与森欣司的自律分散控制系统非常类似,活系统非常像森欣司概念中的集中系统,它们都有相似的普遍规律。活系统也与计算机分布式系统相近。

1.低层次(子系统)的存在不能推断高层次(集中系统)的复杂性,只有集中蜂群的真正存在能够确定单个蜂体是否具有被融合到蜂群中的特征。每一部分系统有自身思维,集合而成的"蜂群思维"是系统中各方博弈的结果。

2.涌现模式融入个体内部中,观察活系统中结构的唯一可靠方法需要运行它,才能揭示实际行为。

3. "蜂群思维"强调集体的智慧,如果把它代入到网络中,那么能同时检测、存储分布式内存,还能进行分布式计算,成千累万台计算机同时进行计算、并行运算后,随之而来将会出现一种现象——"涌现"。

4. "蜂群思维"还强调协作性,它指出其中的活系统(分布式网络)具有自我完善、自适应等特点,还能够防系统冗余,同时具备较高的容错率。

蜂群、大脑神经元和计算机网络同是并行操作系统。这些系统都有自己的名称:网络、复杂自适应系统等。每个系统将组织中的许多子系统成员汇聚在一起,子成员(系统)会独立地对它所在内部的规则和环境状况作出响应。不同"子成员"有着一定的关联属性,然而并非统一纳入到核心平台之上,它们之间也能搭建具有对等属性的网络,这样就能实现去中心化控制,所以这类对等网络系统的管理都存在于分布式系统中。

1.3 区块链与分布式系统

自律分散控制系统、蜂群思维与分布式系统都有非常多相同的特点：

第一，去中心化控制，子单位有着自我修复属性。

第二，不同"子单位"之间有着密切关联属性。

第三，在网络作用之下，不同点的相互作用所生成的因果关系具有非线性属性。

分布式系统具有与蜂群思维一样的特点：对突发性故障性事件具有极强且天然的免疫力。在分布式系统中，共识的狭义概念已经得到了体现——独具优势及不受限制的发展方式。

在区块链网络中，对于分布式系统的定义为：由多个能够相互通信以实现相同任务目标的工作单元组成的系统。这个系统中的单个工作元被称为节点。基于这个过程和这个理解，共识也可以被阐述成：一个节点收到来自另一个节点的提案并根据一定的规则作出相应的决定的过程。

从1961年伦纳德·克兰罗克（Leonard Kleinrock）提出最初的分布式网络，到日本教授森欣司自律分散控制系统的问世，以及凯文·凯利结合生物学将分布式系统代入到蜂群思维中，从这些系统的结构和系统特征中，已经可以看到分布式网络的影子。在不同年代的不同科技领域，我们经常看见异曲同工的发明，这就是凯文·凯利笔下的人类群体智慧的表现。群体智慧中所诞生的概念的深入应用和研究，均为基于区块链系统的分布式网络架构做了基础铺垫，使之逐渐沉淀及最终迎来之后的比特币以及区块链时代的真正到来。追溯比特币发明历史，早在中本聪研究比特币之前，就有其他机构和个人已经开始着手于研究数字货币，并且也在网络上公开了代码。这些也可被称之为数字货币的先驱，例如BitGold、DigiCash等。

BitGold是由密码朋克成员尼克·萨博（Nick Szabo）在1998年创造的一个概念，他在2005年又更新了对此概念的描述。BitGold作为比特币的先驱，是数字货币的第一个雏形，它首次将点对点网络和分布式账本的概念相结合。

DigiCash的出现可以追溯至1989年，其创始人大卫·乔姆（David Chaum）同样为密码朋克的先驱之一，围绕隐私交易的设计来做了电子货币方面的最早尝试，并首次在公网中使用密码学来保护用户日常交流的隐私。

第二章

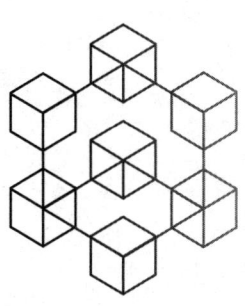

区块链技术原理

工信部发布的《2018中国区块链技术和应用发展白皮书》中指出，区块链是"数据以区块为单位产生和存储，并按时间顺序首尾相连形成的链式结构，并以密码学方式保证的不可篡改和不可伪造的分布式账本"，即"利用块链式数据结构来验证与存储数据、利用分布式节点共识算法来生成和更新数据、利用密码学的方式保证数据传输和访问的安全、利用由自动化脚本代码组成的智能合约来变成和操作数据的一种全新的分布式基础架构与计算范式"。这是一个相对抽象的解释，如何理解区块链呢？让我们先从区块链的具象化——一个小型的区块链岛屿开始。

在区块链岛上，岛民互相之间极度不信任，因此，该岛屿上并不存在一个具有公信力的岛主来管理岛屿。这就使得居民之间的社会活动变得很艰难，因为无人可以为发生的事件做信任背书。于是岛上居民就想到了一个方法，在村口竖立一块大石头，岛上发生的所有社会活动都将写到这块石头上。比如，某年某月某日，岛民A在岛民B那里用一筐萝卜交换一只鸡；又比如，某年某月某日，岛民A、B、C、D四人出资建了一座新的房屋，等等。居民之间达成共识，一旦事件记载到石头上便不可更改，且记载到石头上的事需要经过全部居民的确认。这样一来，一旦发生纠纷，人们就会一起去看村口的石头，查询过往的记载，来判断到底是哪一方的责任。这个小型的区块链岛屿就是一个区块链系统,它去中心化、透明、开放自治且不可篡改。

与具有一个有公信力岛主的传统岛屿相比,在居民发生纠纷时,传统岛屿上的居民首先会去找岛主来解决问题。但是,岛主不可能总是公正的,很可能由于种种原因,比如记性不好忘记了过去的交易历史,或者岛主有私心而偏袒某一方导致了不公正的判断。但区块链岛屿上则不会发生类似的事情,因为石头上的内容不可更改,没有人可以作弊,进而保证了居民社会生产活动的有序、公平、自治性。

2.1 区块链技术概览

中心化系统与去中心化系统(点对点网络、分布式网络):

根据百度百科中查阅的去中心化系统的定义为"在一个分布有众多节点的系统中,每个节点都具有高度自治的特征。节点之间彼此可以自由连接,形成新的连接单元。任何一个节点都可能成为阶段性的中心,但不具备强制性的中心控制功能。节点与节点之间的影响,会通过网络而形成非线性因果关系。这种开放式、扁平化、平等性的系统现象或结构，我们称之为去中心化"。

简单来说中心化系统与去中心化系统的区别在于节点之间是否存在一个附属关系，或者说是否存在某个可以操纵整个系统的节点。举个例子，人体系统就是一个中心化系统，因为人的行为都受到中心节点——大脑——控制。人体组织中的同一种细胞就是去中心化系统，因为每个细胞平等地参与构成组织。

根据丹尼尔·德雷舍（Daniel Drescher）的理论，点对点网络（P2P）是一种特殊的去中心化系统，在点对点网络中，任意一个节点在系统中既是系统资源的提供者，又是系统资源的使用者。每个节点都在系统中扮演相同的角色，也拥有对等的权力。

分布式的概念则更广，在工信部指导发布的《2018中国区块链技术和应用发展白皮书》中指代的是"不依赖于中心服务器（集群）、利用分布的计算机资源进行计算的模式"。即多节点协作，节点之间分散但又可实现互联。例如，腾讯拥有不止一个服务器来处理数据，全国各地都存在腾讯服务器来为用户提供处理数据。去中心化与点对点系统都属于分布式系统。

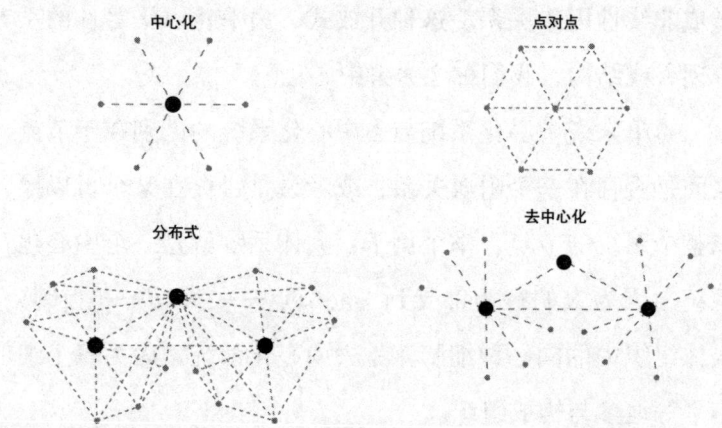

　　回到最初的例子，区块链岛屿。每一个岛民都可以看作是一个节点，在该岛屿中不存在中心节点——控制管理整个岛屿的"岛主"，因此该岛屿是一个去中心化的系统。各个岛民（节点）都参与维护共同的"账本"——村口的大石头，因此是分布式系统。综上，区块链系统是一个去中心化的分布式系统便无可厚非了。

　　到目前为止，我们对于区块链的理解还停留在所谓的区块链岛屿上，区块链技术是如何实现的？又将怎样运用到现实生活中呢？要了解这些，首先我们要进入真正的区块链世界中，回到最初的问题，什么是区块链技术？

　　一个完整的区块链的链式结构（实际上更像树状结构，这个在后文会解释，目前为了便于理解，我们还是将区块链比做链式结构）由区块头与区块主体组成。区块头包含父区块的哈希值、时间戳、默克尔树根,以及版本、难度目标和随机数组成。另一部分区块主体表示为一连串的数据记录,该数据记录可以是交易也可以是其他多元化的数字化数据,数据记录内容取决于区块链的用途。

在这里,我参考丹尼尔·德雷舍(Daniel Drescher)的例子将区块链技术比做一本由许多作者共同创作的书籍。每一页都是一个区块,按页码顺序将区块排列起来组成了区块链(书籍)。如果要增加内容,只需要在最后一页(最后一个区块上)增加页数(区块)即可。但是已经装订入册的部分不可更改,该书籍对所有作者公开可见,每个作者在得到其他作者认可后都可以继续给书籍上增添新的内容。书籍之所以存在页码的其中一个用处在于,可以通过检查页码的连续性来判断是否有作者为了更改内容而将该书籍的其中一页撕去而导致书籍的不完整。逻辑上,我们认为一本书的页码是按阿拉伯数字顺序排列的,即我们可以通过查看108页的前一页是否为107页来判断该书是否完整。但是万一这本书并没有按阿拉伯数字的数学逻辑顺序排列呢?比如,108页的上一页是105页,下一页是120页。解决方法很简单,我们只需要在每一页上标注引用上一页的页码即可,即在108页上注明"前一页是107页"(父区块)。

在合著书籍按顺序排列并避免顺序出现混乱以及被某

位作者删除某页书籍后，回归到书籍的内容上来。一页书上面可能有成百上千的字数，为了便于查找区分，我们将其简化为一个字，例如原本的内容为《龟兔赛跑》的故事（数据记录），我们将其用提取拼音首字母的方法简化（哈希）为代码"gtsp"。（默克尔树根）

接下来，作者们一致认为连用中文表述页码顺序也不够简化，于是，采用同样的方法提取拼音首字母把页码也抽象为代码，例如"第108页"表述为"dyblby"，"前一页为第107页"表述为"qyywdyblqy"。（父区块哈希值）

把这两部分首字母构成的简化版打包放在页首，即可作为每一页的摘要。（区块头）

回到区块链技术中，这本共同创作的书籍就是区块链，由于没有完成创作，该书籍一直在增加页数，因此就像区块链一样可以无限延伸一直在增加区块。区块头就是简化后的每一页的摘要部分。具体来说，内容简化后的代码为默克尔树根，上一页页码引用简化后的代码为父区块哈希值，采用的提取拼音首字母的简化方法为哈希。区块主体就是每一页书籍上的具体内容。

为了进一步理解区块链技术，首先要理解区块链技术所依赖的密码学技术，即上文例子中简化书籍内容转化成代码所使用的方法——哈希运算。

2.2 区块链密码学基础——哈希运算

　　哈希运算指代将任意长度的输入（文本、数据、符号等信息）通过计算转化为固定长度的字符串，这个字符串即哈希值。哈希运算属于密码学算法，但并非指代一种特定的算法，不同的哈希算法对同样的输入会产生不同的哈希值。哈希值是由0至9的数字和A至F的英文字母组合构成，被称为十六进制数。常见的哈希算法有SM3、MD5、SHA-1、SHA-256、SHA-512。

　　比特币使用的是SHA-256算法，在该哈希算法中，任意长度的输入得到的输出都为256bit（bit：二进制单位）。256bit是否指代256个数字或字母呢？答案是否定的。256bit指代的是二进制数字串，即0或者1，此处为256位二进制数。用十六进制表示，是64位。所有的哈希算法都是64位吗？当然不是。CRC-32算法的输出为32bit，即32位二进制数，8位十六进制数。MD2算法用十六进制数表示，为32位。一般情况下，哈希值长度越长，算法越安全。

示例：

1.区块链技术。

MD2算法加密后哈希值：

382c2707997a3827d5f08dbf5a64db75

SHA-256算法加密后哈希值：

b2ef314109a91f507ebd36df8fe7aee34fe6eaf1a7641a8008f0105bf50fcd7b

2.早上好！

MD2算法加密后哈希值：

399b500ba31327e0ca29883d3aefe533

SHA-256算法加密后哈希值：

c79f729fc9d53085d9e8c9234563c6845ddfaeea5d5792d05d676918a3ab7308

解释：

输入不同长度、不同内容的"区块链技术。""早上好！"，MD2算法得到的都是32位字符串，SHA-256算法得到的都是64位字符串。

函数表达式：h=H（m）

可以将哈希运算形象地理解为"归类"或者是"简化目录"。比如说一个库房有很多种类的服装，操作员如果要发货一条白色的碎花短裙，直接用眼睛在偌大的库房内找则很难，但如果裙子入库时在上面加了标签"白色（颜色）碎花（款式）纯棉（材质）短裙（类型）"，操作员只需要根据目录索引很快就能找到这条裙子。或者说操作员想要发货一条黑色的长裤，那么只需要寻找到"黑色纯色亚麻长裤"的标签就可以了。

或者说，另外一个形容哈希算法的主流具象化描述是数字指纹。每个人拥有独立的、与众不同的指纹，通过指纹就可以来识别一个人的身份。哈希运算就是将一长串输入的内容简化为如同指纹一样的字符串，来识别这段输入。

哈希运算的特性——哈希算法能够迅速地将给定数据转化为哈希值。任意类型的数据都可以转换为哈希值，而且哈希算法的计算过程相当快。举例来说，SHA-256算法在一台普通的计算机上一秒钟即可进行2000万次的哈希运算。这一特性为哈希算法的应用奠定了基础，因为在现实生活中需要哈希运算的输入的数据可能会相当大，因此耗时且拥有局限性的运算在实际应用过程中会显得繁琐，令花费大量时间得到的输出变得毫无意义。回到上面的例子，衣服在入库时的简化标签过程是迅速的，因为不论衣服的款式多么复杂，操作员总能根据其颜色、款式、材质、类型将其迅速分类。以及，不论人拥有什么样的肤色、个性、性别等，他的指纹都是独一无二的，且在出生时就已经决定，并不需要繁琐的操作即可拥有指纹。

示例：

1.《岳阳楼记》范仲淹

庆历四年春，滕子京谪守巴陵郡。越明年，政通人和，百废具兴，乃重修岳阳楼，增其旧制，刻唐贤今人诗赋于其上，属予作文以记之。

予观夫巴陵胜状，在洞庭一湖。衔远山，吞长江，浩浩汤汤，横无际涯，朝晖夕阴，气象万千，此则岳阳楼之大观也，前人之述备矣。然则北通巫峡，南极潇湘，迁客骚人，多会于此，览物之情，得无异乎？

若夫淫雨霏霏，连月不开，阴风怒号，浊浪排空，日星隐曜，山岳潜形，商旅不行，樯倾楫摧，薄暮冥冥，虎啸猿啼。登斯楼也，则有去国怀乡，忧谗畏讥，满目萧然，感极而悲者矣。

至若春和景明，波澜不惊，上下天光，一碧万顷，沙鸥翔集，锦鳞游泳，岸芷汀兰，郁郁青青。而或长烟一空，皓月千里，浮光跃金，静影沉璧，渔歌互答，此乐何极！登斯楼也，则有心旷神怡，宠辱偕忘，把酒临风，其喜洋洋者矣。

嗟夫！予尝求古仁人之心，或异二者之为，何哉？不以物喜，不以己悲，居庙堂之高则忧其民，处江湖之远则忧其君。是进亦忧，退亦忧。然则何时而乐耶？其必曰"先天下之忧而忧，后天下之乐而乐"乎！噫！微斯人，吾谁与归？

时六年九月十五日。

SHA-256算法加密后哈希值：

cac295c54ae10e678da5a84055b15eb89db1f14d89128aa9edf2d83570765c12

2.《岳阳楼记》范仲淹

SHA-256算法加密后哈希值：

721b2906c146a96e71dd173cd11e8536958b2c484e1816184e3d9bf5c719334c

解释：

不论是完整版的《岳阳楼记》输入还是简易版《岳阳楼记》的名称、作者的输入，SHA-256算法得到哈希值的时间都很迅速，且得到的是相同长度的哈希值。

输入同样的内容时，得到的哈希值总是相同的。当输入的内容发生改变时，即使这个改变非常微小，例如一个标点符号，产生的哈希值便会产生巨大的改变，并且这种变化不可预测。输入文字内容"早上好"，假定它的哈希值是"aa33cc",那么如果将输入改成"好早上"它的哈希值并不会是"ccaa33",而可能是"9heo68"。简而言之,一个输入的哈希值发生了改变,一定是由于这个输入本身发生了改变,永远不可能是哈希算法内部引起的这种变化。哈希算法的这种特性也使得它在网络传输的数据错误校验方面可以发挥作用。用户将数据进行哈希运算得到哈希值,与数据一起打包发送给接收方,接收方将收到的数据哈希运算后对比收到的哈希值,即可判断该数据是否发生了改动或损坏。

> 示例:
>
> 1.good morning!
>
> SHA-256算法加密后哈希值:
>
> 1c0bcee784156a3f5cbb6393938fe79752e99496dfdd7646fb73f35c5f4922d4
>
> 2. morning! good
>
> SHA-256算法加密后哈希值:
>
> 34a5e0b189c063ce3cccd86d265f4e375def8fca0dff7e3caeb6f8a6ab6a76aa

解释:

根据上面示例的真实哈希值来看,改变文字输入顺序后的哈希值变化是没有规律的，无法通过第一个正向语序的哈希值去推断第二个文字相同但语序更改后的哈希值。

哈希运算是一个单向函数，即无法通过输出值来逆推出输入值。通常情况下，在某些简单的数学问题中，例如一次函数y=3x，当x=1时，y=3，那么当y=6时，可以逆推出x=2。在哈希运算中，这种根据结果来推出输入内容的方法是不可行的。这种特点使得哈希运算成为了现代密码学的重要组成。回到最初的例子，从数字指纹并不能推断出指纹所有者的相关信息。或者说，仅仅通过仓库内的衣服归类标签并不能直接完整地推断出这件衣服的具体样式。

> 示例：
> 今天天气不错
> SHA-256算法加密后哈希值：
> e4c35db0dc631b7ad600baa6563b59d048aac4c1fd152ec4488c262b50018b03

解释：

输出后的哈希值就像乱码一样，乍一看毫无规律可言。连输入的内容是文字、数据还是符号都无法推断，更别说具体内容了。理论上，即使给定哈希函数H和哈希值

H（m），利用数学计算方法也无法推出m。

哈希函数还具有抗碰撞性。当两个或者多个输入信息产生了同样的哈希输出值时，即哈希算法产生了哈希冲突。用数学方法解释，就是说在知道a的情况下，无法求出b，使得a与b的哈希值相同。

若a≠b，则H（a）≠H（b）。

强抗碰撞性的哈希算法即为不同输入信息很难产生相同的哈希值输出，在这种情况下，这个哈希算法就是防碰撞的哈希算法。但由于哈希函数的值域是一个有限集合，但输入的信息却有无限种可能，所以理论上说并不存在永远不会发生碰撞的哈希算法。然而，在实际情况中，如果发生碰撞的可能性足够小，且破解的代价足够大，直接计算无法达到，那么这个哈希算法就是防碰撞的。

在目前的研究中，我国王小云院士在破解哈希算法上有着相当大的成就，在MD5算法上通过哈希值制造碰撞，找到数据b使得b的哈希值与原始数据a的哈希值相等。值得注意的是，这并非是通过哈希值逆推而出的原始数据，即已知a直接求得b，而是通过哈希值相等快速找到数据b。尽管如此，由于在实操中发生哈希冲突的可能性很小，因此我们可以视为哈希算法创建的哈希值唯一，并且哈希算法是强抗碰撞的。

哈希冲突就是说两个不同的人具有相同的数字指纹，

通过一个人的指纹可以迅速找到另外一个指纹相同的人。或者说，在库房例子中，有两件不同的衣服，它们的标签都是"白色碎花纯棉短裙"，可能一条裙子有流苏的点缀，另一条没有，但在标签上面都标示为相同的内容。哈希运算可以避免这种情况的发生。

> 示例：
> 1. 小狗啃骨头
> SHA-256算法加密后哈希值：
> 54fb8cb4710714d147a0adc019488764853f8b5227c7b8ee9c6b2666ffbd4d30

解释：

已知文字"小狗啃骨头"的输入如上，无法根据上面的哈希值求得另一条输入，使得它们的哈希值相同。

总结：

根据不同哈希算法的特性，可以将哈希算法归为两种，一种是普通哈希算法，另外一种是加密哈希算法。区分二者的方法是防碰撞性，上文所说的MD5算法由于在防碰撞性上被破解了，因此已经归为普通哈希算法。当哈希算法出现过碰撞时，用它来作为加密算法的安全性比较低，意义不大，因此会作为普通哈希算法使用。普通哈希算法一般会作为完整性或者错误校验工具来使用，而加密哈希算法由于安全性高，多用于加密安全领域。

哈希算法的特性主要有固定输出、高效快速、确定敏感、单向不可逆以及防碰撞。根据这些特性，哈希算法成为密码学领域重要的组成部分，多用于完整性检验以及加密安全。区块链技术就是采用哈希算法作为其底层技术支持，保证了区块链的不可篡改性，扩展了区块链的使用场景，使得区块链技术在多个领域均能发挥理想作用。

2.3 哈希运算的应用（默克尔树）

直接了解哈希运算这个概念可能过于抽象，类似于哈希运算这样的密码学技术由于涉及编程、数学运算等专业性较强的知识，很难将哈希运算与现实生活联系起来。实际上，哈希运算广泛用于现实中的各种场景，例如数据对比、检验数据变化以及我们即将提到的区块链技术中的哈希引用。

基于哈希算法的确定性以及防碰撞性，信息经过哈希算法得到一串固定长度的哈希字符串。很多时候由于信息量过于庞大很难直观地看出两个信息是否相同，这个时候逐字对比将会消耗巨大的时间成本，如果采用哈希算法将两个信息转换为哈希值，那么我们只需要对比固定长度的字符串是否相同即可得到结论。另外，在对比事件发生前后的数据变化时，也可以用到哈希算法。通过事件发生前后信息的哈希值比较，可以判断该事件是否导致了原始数据的更改。

基于哈希算法的单向函数特性可以用于加密保护用户隐私，例如服务器中保存的是用户密码的哈希值，而不直接保存用户密码，服务器只需要对比用户输入密码的哈希值是否与服务器中保存的数据一致即可验证用户密码，且由于该哈希值不可逆推，服务器并未存储用户确切的密码，因此可以很大程度上保证用户密码的安全性。

哈希引用适用的场景是当数据不可更改时。在该应用场景中，所使用的数据是未改变的数据，即确认数据的唯一正确性。利用所接收到数据的哈希值以及接收到的数据进行哈希运算得到的哈希值进行比较，如果前后不一致，则表明数据发生了改变，那么便不使用该数据，反之则使用该数据进行下一步操作。哈希引用是区块链技术的核心底层架构技术之一。假设 X 为文本输入"你好"的哈希引用，那么 X 对于文本输入"你好吗"来说就是一个无效的哈希引用，无法对应文本输入"你好吗"。只有当X修改为Y，即文本输入"你好吗"所对应的哈希引用时，Y才是文本输入"你好吗"的有效哈希引用。

根据丹尼尔·德雷舍的理论解释，哈希引用可以分为链状结构和树状结构。

链状结构——对于链状结构的理解我们回到讲解区块链时做的比喻，把区块链比做一本多个作者合著的书籍时，如何按顺序标明每一页的页码并防止顺序发生改变？——对上一页页码的引用。在这里，链状结构也与其类似。数据1为起始数据，X为数据1的哈希引用，当链接下一部分数据2时，通过哈希引用X将二者联系在一起，数据2链接数据3时，通过数据2的哈希引用Y将二者相链接。

树状结构（默克尔树）——默克尔树是哈希引用的一种自上而下的树状结构，在区块链中用于汇总区块中的交易，将其用占用数据空间很小的哈希值来表示。由于区块链中一个区块包含的交易成千上万，直接进行交易数据的比对可谓是难上加难，更别说验证某个交易是否属于该区块又或者对某笔交易进行替换。这就如同在一个没有数字索引系统的图书馆里一个书架一个书架地寻找一本书，这无异于大海捞针，将会付出很大的时间以及人力成本。

默克尔树的结构如下图所示：如同一棵倒挂的树，是一个"二叉树"结构。

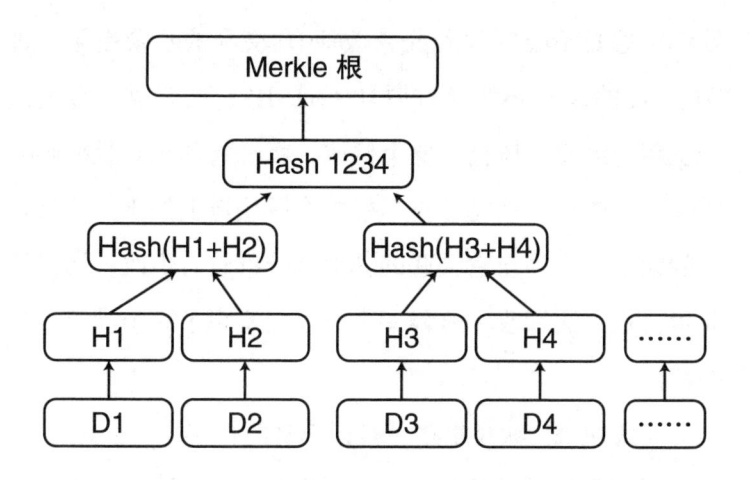

```
                    ┌─────────────┐
                    │  Merkle 根  │
                    └──────┬──────┘
                           │
                    ┌──────┴──────┐
                    │  Hash 1234  │
                    └──────┬──────┘
              ┌────────────┴────────────┐
      ┌───────────────┐         ┌───────────────┐
      │ Hash(H1+H2)   │         │ Hash(H3+H4)   │
      └───┬───────┬───┘         └───┬───────┬───┘
     ┌────┴─┐ ┌───┴──┐          ┌───┴──┐ ┌──┴───┐  ┌────┐
     │  H1  │ │  H2  │          │  H3  │ │  H4  │  │ …… │
     └───┬──┘ └───┬──┘          └───┬──┘ └───┬──┘  └─┬──┘
     ┌───┴──┐ ┌──┴───┐          ┌──┴───┐ ┌──┴───┐  ┌─┴──┐
     │  D1  │ │  D2  │          │  D3  │ │  D4  │  │ …… │
     └──────┘ └──────┘          └──────┘ └──────┘  └────┘
```

最下面一层"树叶"代表一系列交易D1、D2、D3、D4……接着将每笔交易数据进行哈希计算后得到哈希引用H1、H2、H3、H4……接着将倒数第二层的哈希值两两分组。值得注意的是，如果底层的交易数量为奇数，则复制最后一个交易的哈希，以保证"树叶"数量为偶数。接着进行两两一组的哈希运算，Hash（H1+H2），Hash（H3+H4）……即相邻的两个哈希值链接在一起，再计算链接后字符串的哈希。重复此过程，直到得到唯一的一个哈希值，即默克尔树根。默克尔树的结构优势在于，当需要验证交易时，只需要验证"树枝"即可，而不需要验证整个数据包，很大程度上节省了数据空间的占用。

有效性1：防篡改

回到上图，当交易D1被人恶意篡改时，为了确保一致性，恶意节点需要首先修改原D1交易的哈希引用，即H1。H1的改变必然导致原H（H1+H2）的修改，重复这个步骤，沿着"树枝"向上修改，将一直修改到最后唯一的默克尔树根，然而默克尔树根在区块链上处于一个被锁定的状态，因为与它关联的其他部分都没有更改，因此默克尔树根无法篡改。这样一个路径便实现了一个默克尔树的特性。

有效性2：默克尔路径验证交易的存在

现在我们需要用默克尔树来证明D1交易属于该默克尔树，这个过程是通过默克尔路径实现的。这样一条默克尔路径是从交易的起始点一直到默克尔树根。如上图，先找到交易D1，接着找到与它组队的交易D2的哈希值，即H2，然后向上找到与Hash（H1+H2）组队的Hash（H3+H4），利用D1、H2、Hash（H3+H4）这几个数据计算默克尔树根并对比与原默克尔树根的值是否一致，若一致，则交易D1包含在区块中，反之则未包含。换句话说默克尔路径并非原交易D1向上延伸的树枝路径，而是与原交易D1"组队"的另外一部分延伸的树枝路径。利用该路径上面的值跟交易数据D1所生成的数据计算哈希，即可判断D1是否属于该默克尔树。在区块链中，一般验证交易是否属于特定区块时，下载区块头（其中包含默克尔树根）再加上从其他完全节点获取的默克尔路径，即可实现验证，简洁高效且占用很小的数据空间。

2.4 非对称加密技术保障区块链上的资产

根据《加密学基本原理》，加密学的本质是用于保护用户数据安全，只有经过授权的人才能获取用户数据。为了实现信息安全，首先需要保证被加密信息的私密性，使得信息能够传达到接受方并且不会被未授权的用户获取。其次，需要保证被传送信息的完整性，即信息没有遗漏地传达到接收方。还需要对信息进行源认证，保证信息是一个合法交互过程，信息来源可被鉴别真伪。最后还要保证确认，防止两方否认信息传递的行为。加密学在信息传递的过程中，使用密钥来保障信息的安全。

加密算法有两种，对称加密以及非对称加密。

2.4.1 对称加密

对称加密算法使用相同的密钥进行加密与解密。常用的算法有：DES、3DES、AES、RC4。

用密码学中的经典人物爱丽丝（Alice）和鲍勃（Bob）

来举例：

爱丽丝（Alice）将一段信息"生日宴会将于9:30举行"利用密钥加密后发送给鲍勃（Bob），密钥一般是一定长度的字母和数字组成的字符串，鲍勃（Bob）收到加密后的内容用相同的密钥解开字符串，还原爱丽丝（Alice）发送出的信息。未经授权的第三方并不是指定的信息接收者，因此并不持有密钥。在没有密钥的情况下，即使第三方接收到了加密后的信息，也是一段没有用的乱码，因为没有密钥是无法解开该信息将其还原的。

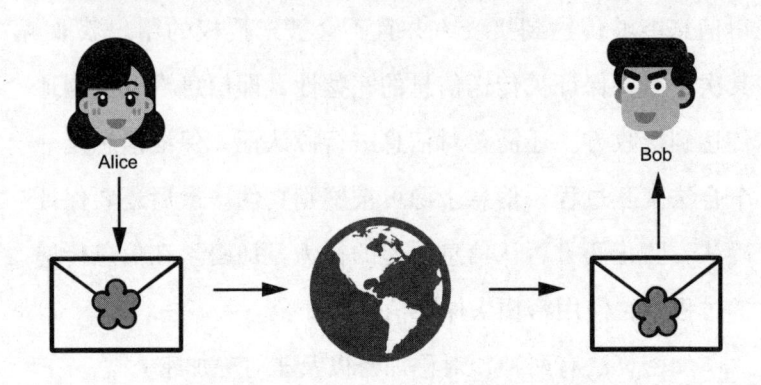

对称加密算法的难点在于密钥的交换与管理。也就是说，如何将密钥在未授权的第三方无法得到的情况下准确地传达给密钥接收者，且密钥数量随着参与者数量的增多而呈平方速度增长。这就好比是开锁的钥匙一样。对称加密开锁与上锁使用的是同一把钥匙，因此当其他人想要开锁获取上锁的盒子中的信息时，只能用共享的同一把钥匙。但这样的问题就在于钥匙的管理及传递有较大风险。当第三方获取钥匙后便可轻松打开盒子获取信息。由于密钥不是公开的，因此该算法在身份认证方面也具有局限性。当然，对称加密也有其独到的优势，对称加密在数据内容较大时加密比较迅速。

2.4.2 非对称加密

满足非对称加密条件时，加密与解密过程使用不同的密钥，这一对密钥被称为公钥和私钥。利用密钥加密系统，产生一对密钥，公开的密钥称为公钥，保存在用户手中的密钥称为私钥。公钥与私钥的角色可以转换，并不存在特定的公钥与私钥。密钥加密系统生成的一对密钥，确认哪个是公钥哪个是私钥是人为选择的结果。常用的非对称加密算法有 RSA、DH、ECC。

由于非对称加密采用的是一个密钥对，因此公钥与私钥的用法不同也使得非对称加密有着不同的应用。第一种方式是信息经过公钥加密后发送。在这种情况下，私钥的持有者是信息的接收方。举例来说，这种使用方法相当于家门口的信箱。公钥是公开的，可以看作信箱地址。信息的发送者通过信箱地址将信息投递到信箱里，信息的接收者通过手中持有的私钥——信箱钥匙打开信箱获取信息。

但其他掌握信箱地址的人由于没有信箱钥匙而无法获取信息。信息的发送者使用公开公钥来创建加密文档，信息的接收者使用个人私钥来解密加密文档获取信息。这种方式的意义在于使信息能够安全地传送到指定接收者手中。第二种方式是信息通过私钥加密后发送。此时，私钥的持有者是信息的发送方。这种方法可以看作个人博客，不是所有人都可以在这个博客上发表博文，只有持有该博客密码——私钥的人才能够在博客上发布信息，但人人都有一份公开的公钥来解密该信息以获取博文内容。信息的发送者通过个人私钥加密信息，信息的接收者通过公开的对应公钥来解密信息，表明私钥的所有者加密并发布了该信息。此种方式的意义在于证明所有权。

应用1：加密通信——私钥的持有者是信息的接收方。

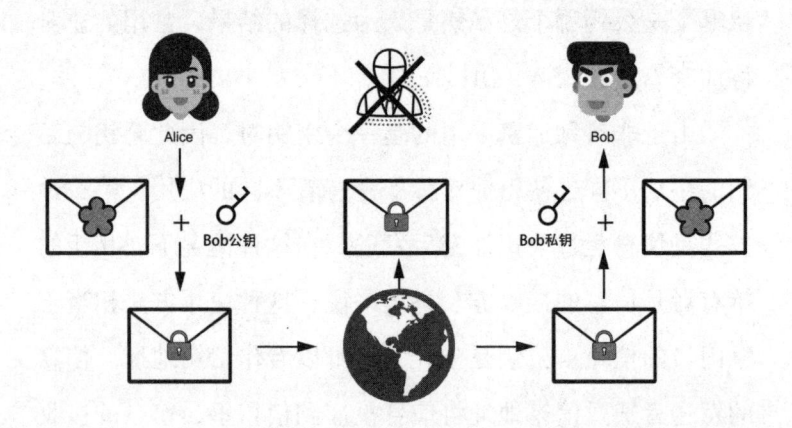

如上图所示，由Bob利用一种非对称密钥算法加密

（比如ECC）生成一对密钥——公钥与私钥。Alice将想要给Bob发送的信息，假设为"今晚7点家庭聚餐"，通过Bob提供的公钥加密，由这个过程我们可以看到公钥是公开的，私钥保留在Bob手中。Alice将加密后的信息通过互联网发送给Bob。互联网中的第三人即使得到这个加密信息也毫无头绪，即便是他持有Bob公开在互联网中的公钥也无法解密该信息，该信息只能由Bob持有的私钥解开，且尽管公钥与私钥是一起产生的密钥对，但使用公开的公钥是无法推出私钥的。接下来，Bob从互联网中获取了由Alice发送的加密信息后，通过自己的私钥将信息解密，即可得到由Alice发送的聚餐信息。

应用2：数字签名——私钥的持有者是信息的发送方。

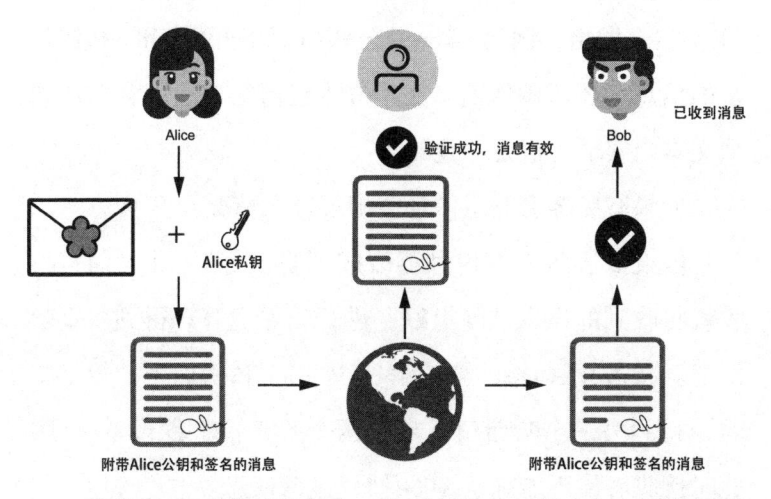

数字签名可以理解为一种"授权"。即，Alice通过数

字签名来确认信息"大家好"是由Alice本人发送给世界的。首先，Alice通过非对称加密算法（如RSA）生成一对公钥和私钥，私钥留存，公钥公开。接着，Alice将要发送的文本"大家好"进行哈希运算，得到文本哈希值并用持有的私钥对该哈希值进行加密。这句"大家好"的哈希值加密文档就是数字签名。下一步，Alice将这条消息与数字签名一起发送到公开网络中。文档中包含Alice的数字签名、消息内容以及Alice的公钥。所有人都可以使用Alice的公钥来验证这条讯息是否由Alice本人发出的。消息接收者使用Alice的公钥来解密消息中的数字签名，得到一个哈希值。然后将消息内容进行哈希运算，得到另一个哈希值。对比两个哈希值，如果一致，则可以确认该消息由Alice本人发出，因为Alice的公钥可以解开由Alice私钥加密的信息，还可确认消息文本并未经过篡改，因为对比两个文本内容哈希值是一致的。

如果有黑客篡改了信息会出现什么情况呢？

假设黑客将文本信息篡改成"晚上好"，此时信息接收者将收到的讯息"晚上好"进行哈希运算，得到一个哈希值。接着用Alice的公钥解密由Alice私钥加密的数字签名，得到另一个哈希值。对比两个哈希值，发现不一致，此时接收者便不能确认Alice授权过该信息。

在这里列举签合同的例子来帮助理解。在现实生活中，假设两个公司有意向达成合作，通常避免在后续合作过程中产生纠纷，会签订业务合同。比如合同规定"公司A在货物到仓时需要给公司B支付100万元"，此时A、B两个公司为了确认条款，便会在合同上派公司代表签名。数字签名与实际上的手写签名类似，作用都是确认写签名的本人认可相关讯息，即在这个例子中两个公司都认可相关合同条款。

应用1与应用2的总结：

加密通信的私钥持有者是信息的接收方。由信息接收方生成密钥对，再将私钥留存，公钥公开。数字签名的私钥持有者是信息发送方。由信息发送方生成密钥对，再将私钥留存，公钥公开。加密通信应用的意义在于将信息通过加密传输给接收方，数字签名应用的意义在于证明所有权。

非对称加密的优点是安全，对称加密存在密钥被第三方截获的风险，但由于非对称加密是用私钥解密，因此有较高的安全性。依然用上锁的盒子来解释这个问题，非对称加密开锁和上锁采用的是不同的钥匙，这两把不同的钥匙是相匹配的。信息的发送者将写有信息的纸条放在盒中，用公开的公钥上锁，只有与公钥相匹配的私钥持有者才能用私钥打开这个盒子获取信息，其他人即使持有能上锁的公钥也无法开锁。非对称加密的私钥数目与参与者数目相同，且人人都可交换密钥而不需要事先在参与者间建立传递密钥的关系。非对称加密还有一个最重要的优势，就是该技术可以确认身份，保障不可否认性，这也为数字签名技术奠定了基础。当然，非对称加密也有其局限性。非对称加密的缺点在于它的速度比较慢，而且只能加密小量的数据，密文也会相对较长。

2.4.3 区块链中的交易数据

在简单了解区块链技术的底层技术架构后，想必我们对于区块链的了解又加深了一层。回到最初的合著书籍的案例。现在是时候把区块链的具体内容加入这本书籍去解决核心问题，区块链到底是什么？

很多人把区块链比做一个分布式的大账本，虽然这个比喻并不完全，因为区块链还有许许多多其他的用处而并不单单是指一个孤立的账本。但在这里，为了便于理解，我们先着眼于区块链的这一个也是最普遍的应用之一——记账。假定区块链系统中存在着如图所示的区块链结构，包含四笔交易、两个区块、两个区块头、一条链式结构。目标是将四笔交易"上链"，记载到区块链账簿中。接下来我们看看这个过程是如何在区块链系统中实现的。

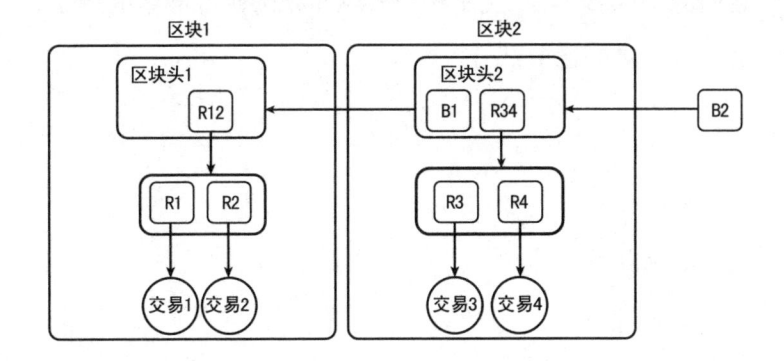

在这样一条链式结构中，从左到右包含两个区块，区块1是该数据结构中的第一个区块，由于前面不存在其他区块而作为这条区块链的起始点。区块2前面还有区块1，因此区块2的区块头中存有对区块1的哈希引用B1。回到最初的例子，这个哈希引用就是合著书籍中对前一页页码的抽象代码，确保区块与区块是按一定顺序排列的且不可篡改。图中还包含了两"棵"由四个交易组成的默克尔树。以区块2为例，交易3和交易4数据经过哈希算法得到R3与R4的哈希值，R3与R4经过进一步哈希运算得到该默克尔树的默克尔树根R34，它与哈希引用B1被包含在区块2的区块头中。默克尔树就相当于合著书籍中每页具体内容的简化摘要代码，在区块链系统中就相当于所有交易的简化版。区块头由父区块哈希值、时间戳还有默克尔树根组成（这里简化了时间戳）。由图可见，在区块头中包含哈希引用B1与默克尔树根R34，类比合著书籍的例子，就是每一页的摘要部分。

2.5 共识机制

2.5.1 什么是共识机制

共识机制，简单来说就是"谁说了算"的问题。由于区块链是分布式点对点的系统，许多节点平等地参与到决策中来，在没有一个固定"老大"的情况下，如何保证系统稳定运行且被所有节点都认可呢？需要所有节点按照某种规则来达成一致的意见，这个达成意见一致的规则即为共识机制。

在中心化的系统中，设定一个涉及传统公司的运营架构的例子。公司甲是一个玩具设计公司，这个公司想要推出一种新型玩具来丰富产品类目。经过一系列的市场调研，假设项目组的小红、小明、小刚，三个员工分别制定了三种方案。小红提出：应该设计一种新型拼图玩具，有益于儿童智力发育。小明提出：拼图玩具更适合大龄儿童，幼童可能还不会玩，所以应该设计一种IP联名的公仔，受众群体比较广。小刚提出：小红和小明的建议太局限了，设计运动类玩具最好，这样可以增加亲子互动性。小红、小明和小刚吵了半天，无法达成一致性意见，在这个时候听谁的就成了该项目组的难题。幸运的是，项目组还存在一个很有经验的项目组组长小李，组长经过审慎分析最终决定采纳小刚的意见。小红、小明、小刚三人听过组长小李的分析之后也同意了小李的方案，一致认为小李的方案更符合目前公司的产品发展规划。这就是中心化系统的好处，因为在无法决定谁的方案最优的时候，有一个所有成员都信任的中心节点来帮助大家达成共识。

然而在去中心化的分布式点对点的系统，并不存在"谁说了算"的中心节点。在所有节点都平等参与系统时，如何才能达成一致意见？小红、小明、小刚三个同学在完成老师布置的小组作业，作业要求三个人共同完成一份试题，商量好一份答案后上交。由于三个人的学习成绩半斤八两，没有一个人在三个人中占绝对话语权，因此三人经常就问题的答案争吵不休，无法决定每个问题的答案到底听谁的。三人在作业答案的沟通问题上花费了大量的时间、精力。为了早点做完作业出去玩，三人想了一个办法，以后每个题的答案都由解题最快的人决定，即第一个人解出的答案就是这道题的解，余下的其他人也全都认可这个答案。用了这个方法，三个同学很快就商量好了一份统一的答案上交给老师。共识机制，就是参与者达成一致意见时所遵循的规则。

回到区块链系统中。当把区块链系统看作账本时，这个问题就变成了：账本的更新由谁来决定？关于账本内容如何达成一致？在区块链系统中，所有的节点都平等地参与系统，如果所有节点都参与更新账本，那么账本内容肯定会产生冲突。不仅是区块链，只要是分布式系统，都会面临一致性的问题。一致性的原理是在特定协议的保障下，各节点达成一致的状态共识。这个特定协议即为共识算法。共识机制可以在无需信任网络也无需中央节点的情况下，安全地使各节点一致更新分布式网络中的数据状态。

分布式系统存在一系列同质节点，区块链系统存在许多的联通互联网的计算机。在现实情况下，主机之间信息的同步并不是即时的，可能存在许多问题，例如主机故障无法通信、主机配置较低同步缓慢，或者网络链接不畅，传输卡顿，这些都可能导致错误或者重复或者顺序不同的信息传播。另外一种情况是存在恶意节点，即节点并非诚实节点，恶意节点并不能公正地在系统中参与"表决"，比如篡改信息或者违背协议内容等。为了避免系统被恶意节点操纵，系统便需要一个可信的协议来保护，使得即使存在恶意节点的情况下，系统所作出的决定也是一致而正确的。

2.5.2 拜占庭将军问题

两军问题：

在动物王国中，狮子军团与老虎军团两军交战，不幸的是狮子军团陷入了被动的境地，因为老虎军团占据了一个山头，将狮子军团分成了两部分，狮子军团1和狮子军团2被分在了南北两面的山脚，由于地势原因，两部分军团要联系只能跨越山头，而无法从山脚下沟通。现在的问题是，不论是狮子军团1还是狮子军团2，单独攻打老虎军团都无法取得胜利。因此需要狮子军团1和狮子军团2同时进攻才能保证胜利，两军之间需要信使来沟通，以确保同时发兵。信使中不存在叛徒，但信使需要跨越山头来传递信息，传递时很可能被山头的老虎军抓走。假设狮子军团1派出了一个信使，发送了消息"明天10点进攻老虎军!"，理想情况下信使没有被抓走。为了证明狮子军团2收到了讯息，狮子军团2又派信使发送了一个回执"我收到了!"。为了证明狮子军团1收到了狮子军团2的信息，狮子军团1又派信使发送了消息"我知道了!"。为了证明狮子军团2收到了消息，狮子军团2又发送"我知道你知道了!"。周而复始，循环往复，两方永远在等待对方回执的状态里。所以，经典状态下两军问题不可解。

拜占庭将军问题：

拜占庭将军问题是由 Leslie Lamport 在 1982 年提出的模型，用来解释一致性问题。拜占庭是一个强大的帝国，它有很强的军队战力。在拜占庭帝国的周围有 10 个弱小的国家，在拜占庭帝国的剥削下，民不聊生，因此这 10 个国家准备发起进攻，攻破拜占庭帝国。由于这 10 个国家每个国家的战力都十分弱小，逐个进攻根本不可能打败强大的拜占庭帝国。因此，只有至少 6 个国家的军队同时发起进攻才能打败拜占庭帝国，否则就一定失败。问题在于，并不能保证所有国家的将军一定采取攻城的决定，很可能其中会有叛徒来扰乱进攻计划导致进攻的失败。因此，能否找到一个共识使得进攻一定成功，是困扰各个将军的问题。

在现实问题中，当一个系统中一共存在 n 个节点时，其中 m 个节点被表示为不诚实节点。当 m 大于等于 n/3 时，即不诚实节点数目大于等于三分之一的总节点数目，系统便不能达成正确的（诚实节点的）共识。反之，诚实节点数量足够多时，诚实节点会作出一个对于诚实节点来说的理想决定，且所有诚实节点都会做出同一个决定，而且最后的总决策是由诚实节点提出的。

拜占庭错误指代出现恶意节点伪造信息的情况。对应的解决方法为拜占庭容错。共识算法有 POW、POS、DPOS、PBFT 等。

非拜占庭错误指代系统故障但不会伪造信息的情况。对应的解决方法为非拜占庭容错。共识算法有 Paxos、Raft。

2.5.3 共识算法

拜占庭容错:

1.工作量证明（POW）

节点消耗时间与算力解决一个"难题"，该"难题"须是难以解答且易于验证的。各节点通过计算速度、准确性的竞争来获得决定的被使用权。在获取主导权的方法一致的情况下，同样工作量耗费的时间最少且被验证准确的节点被认可。比特币就采取 POW 的共识算法，所有节点通过竞争来获得记账权，这个竞争的方式解决特定的难题——寻找符合限制条件的随机数。得到新的字符串后，节点需要通过枚举法进行 SHA-256 的哈希运算，目的是找到满足限制条件的随机数。这个限制条件通过数字 0 指代，前导 0 的个数越多，难题越难，消耗的算力越大。当节点找到符合限制条件的随机数时，即该节点在竞争中胜出，获得记账权，产生新区块，并获得相应的奖励。这个过程被称为"挖矿",参与竞争的节点被称为"矿工"。

这个共识方法也存在其局限性,比如解决这个"难题"需要消耗大量的算力,这种毫无意义的计算仅仅是为了争夺记账权,因而在某种程度上是一种资源的浪费,消耗了大量能源,对于环境并不友好。由于解决这个难题是机械性的尝试,为了解决"难题",更高性能的处理器、更强的算力才有更强的竞争力,因此单个"矿工"很难与"矿池"来匹敌,而使得区块链趋于中心化,与最初去中心化的设想背道而驰。而且在这个过程中,每个"矿工"都会参与尝试,而进行的计算都是一样的,是一种资源的浪费。另外,由于达成共识所需时间长,所以效率也相对低下。

引申阅读——"挖矿"

"挖矿"过程是产生新区块的过程。把区块链比做一个分布式的账本,"矿工挖矿"就是在账本中记账。"矿工"通过解决哈希难题并将交易记载到区块链上,被其他节点验证通过之后,获得相应的激励作为报酬。每诞生一个区块标志着在上一轮的解题"角逐"中有"矿工"胜出,并得到相应的报酬。其他未获得胜利的"矿工"便可以着眼于继续解答难题,创造下一个区块。

比特币交易如何被"矿工"记录到链上？

当一笔交易被发送，每个完全节点需要独立地验证该交易。通过验证后的交易基于POW共识算法，"挖矿"节点参与此过程解答哈希难题，胜出的"挖矿"节点产生新区块。接着，节点需要对新区块验证并以最长链标准选择相应的链条。

哈希难题的解题过程并不需要调动原有的知识储备或者是利用"智商"来解答。假设一个小偷悄悄溜进了富豪的房间，在无人的房间中发现了一个保险箱，小偷与房主并不认识，所以无法根据房主的个人信息猜出该保险箱的密码，小偷想要偷走保险箱内的财物，便开始尝试解开这个密码。小偷只有机械性地一步步试错才能够破解该密码，这并不考验小偷的智商，甚至可以说是一个体力劳动（偷窃是犯罪行为，请勿模仿）。哈希难题就与这个"试密码"的过程类似，是需要找到一个满足限制条件的随机数。哈希难题包含的要素有"未经更改的已有数据"、"随机数"、"使用哈希功能"以及"限制哈希值，即难度值"。解题时，需要对已知数据以及测试的随机数进行哈希运算，得到的哈希值需满足特定的限制条件。在这个过程中，首先要猜测一个随机数，然后将猜测的随机数与数据一起进行哈希运算，如果运算结果满足了限制条件，即找到了这个哈希难题的解，如果不满足，则继续猜测另一个哈希值，重复上述过程，直到得到一个符合条件的随机数。哈希难题的限制条件是固定格式的，被称为难度，一般用数字来表示哈希值中包含0的个数。例如，难度为20代表哈希值的开头至少有20个0。难度与哈希值开头0的个数成正相关，也与所需计算机算力成正相关。

"矿工"这个记录交易的工人并不是免费工作的，"矿工"成功记录交易并产生新区块将会获取一定的权益作为激励。以比特币系统为例，"矿工"辛苦"挖矿"将会产生比特币作为报酬。"矿工"的奖励从两种方式得来：第一种是每诞生一个新区块自然就会产生新的比特币；第二种是有的交易会产生交易费用，作为支付给"矿工"的报酬。每产生210000个区块，新区块的诞生所产生的比特币数量就会减半，这是一个收益递减的过程。

值得注意的是，根据央行发布的《关于进一步防范和处置虚拟货币交易炒作风险的通知》，比特币等虚拟货币不具有与法定货币等同的法律地位，不具有法偿性，因此，"挖矿"等行为需要严格遵守国家法律的相关规定，防范金融风险。

2.权益证明（POS）

拥有更多权益的节点有更大的可能性获得记账权。权益，类似于一个"资产证明"的概念。"矿工"将权益投入系统（权益的类型由应用场景不同而变化），在这里可以理解为资产，投入资产越多的矿工，获得记账权的可能性越大。有些类似于股东的概念，在公司中占股越大的人，拥有更多的话语权。该算法的优点在于可以缩短达成共识的时间。由于不再是"全民挖矿"，因此在一定程度上节约了资源。但POS本质上还是一个"挖矿"的过程。由于该"挖矿"过程是选取代表节点来进行操作，因此存在一定的风险。

3.股份授权证明（DPOS）

参与选举的节点依然要将权益投入系统，但不是权益最多的人最可能获得记账权，而是由选举产生若干个节点参与记账，记账权在这几个节点中被轮流获得。如果被轮到的节点未能履行相应的职责，则该节点会被更换。这种选举产生的记账节点的行为类似于股东选举产生的董事会。该共识机制的优点是进一步提高了效率，缩短了共识所需时间，并且相比于权益证明制度，中心化的程度减弱。缺点是该共识算法仍然是依赖权益证明的激励方式。

4.实用拜占庭容错算法（PBFT）

根据刘洋在《区块链金融》中的解释，该算法采用少数服从多数的共识机制。客户端向主节点发起请求，然后向其他节点发送pre-prepare消息，其他节点选择接受或不接受。同意请求的节点在验证后向其他节点发送prepare消息，当收到超过2/3不同节点的prepare消息，则该阶段完成，发送commit消息，当收到2f+1（f为失效节点）个commit消息时，消息被确认完成。该方法比较适用于联盟链。局限性在于过多依赖于主节点，当节点数量太多时效率显著降低，且容错率相对较高。

非拜占庭容错：

Paxos算法：简单来说就是节点遵循少数服从多数原则。节点中的提议者提出提案，决策者收到提案后表决，获得多数同意后提案通过。该算法的缺点是如果存在恶意节点将会带来很大的影响。

第三章

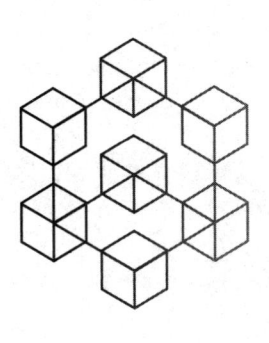

比特币与区块链

比特币世界：

在一个与世隔绝的荒岛上，岛上没有银行，居民相互之间都不信任，因此无法选出一个有公信力的村长来为大家记账。每当居民要进行交易时，就会广而告之，让所有人都知道该交易的进行。举例来说：小红从小明那里购买了价值100个贝壳的吞拿鱼，小红就会用签有她名字的贝壳进行交易，当所有居民都验证了该签名属于小红，并验证小红拥有足够数量的贝壳用以支付时，便在海边的大石头上进行记录，"某年某月某日，小红从小明那里购买100贝壳吞拿鱼"，该石头账本每个村民都可以看到。此记账系统并不需要中心节点（具有公信力的村长）即可完成，且高度透明化（石头每个人都能看）、不可篡改（石头上的记载不能修改），可看作今天的比特币交易系统，这块"石头"就是区块链中的分布式账本。

3.1 比特币的起源

比特币的概念起源于2008年11月，创始人中本聪（Satoshi Nakamoto）在密码学论坛（metzdowd.com）上发表的一篇名为《比特币：一种点对点的电子现金系统》的论文中，首次提到了比特币。2009年1月3日，中本聪在芬兰赫尔辛基的一台小型服务器上创建了一份开源代码——第一版比特币客户端bitcoind，挖出了BTC的创世区块，同时，最初的50枚比特币也宣告问世。

纵观比特币从发行到今天，由于各主权国家针对比特币相关法律法规各不相同，因此，比特币的定位是根据不同国家的法律法规来决定的。根据国内的相关法律法规，"比特币等虚拟货币具有非货币当局发行、使用加密技术及分布式账户或类似技术、以数字化形式存在等主要特点，不具有法偿性，不应且不能作为货币在市场上流通使用"。因此我们在面对比特币概念的时候，不应将其等同于货币概念，而且比特币与国家法定数字货币相比，也是不同的概念。国家法定数字货币是由央行发行且受到国家认可的数字货币。当比特币概念正在被越来越多的人所了解时，如何正确认识比特币，防范金融风险也是区块链学习者的重中之重。比特币的未来何去何从是一个合规的问题，换句话说比特币的定位主要取决于在未来各主权国家如何达成共识并建立统一的监管条件。因此，当提及比特币，一方面要对其概念有所了解，另一方面对于比特币的金融行为一定要遵循国家相关的法律法规，审慎对待。

3.2 比特币网络与交易

海外世界的比特币交易系统原理：

假设伦敦的莎拉想要从纽约的凯文那里购买价值1比特币的艺术品，如何实现？

如果用现实货币来实现，假定该艺术品价值30000美元，莎拉只要从她的余额50000美元银行账户中转30000美元给凯文即可实现。交易结束后，莎拉银行账户余额剩余20000美元并得到一件艺术品，凯文银行账户余额增加30000美元，同时总资产中减去这件艺术品。此次交易通过拥有中心节点的银行处理完成，类比上文小岛的例子，在银行系统中存在一个据有公信力的"村长"来代理记账。

若在比特币系统中实现，则系统首先会识别莎拉在比特币账本上的所有交易，挑选部分交易的输出作为交易输入凑够所需的1比特币（即足够笔交易余额的加和大于等于1比特币），交易输入进入到该交易系统中。接着在交易中将价值从新的交易输入，转移到新的交易输出。该交易的输出为发往凯文的1btc以及发往莎拉的找零，还可能存在一个隐性的金额为交易费用,数额为两者差值,交易费用可以理解为在此次交易中帮助记账的人员所得报酬。与银行货币系统的区别在于,在比特币的交易中并不存在余额的概念。系统是在账本中挑选合适的几条交易输出来凑够支付所需的数额,然后用莎拉的密钥提供的签名解锁这几笔交易的输出,证明其资金所有权,接着在交易中附上凯文的地址,凯文得到该笔交易输出,并且只有凯文使用签名才能花费这笔钱。该系统也不需要一个中心节点来处理该笔交易,因为所有人的每一笔交易都记录在一个公开透明的区块链"大账本"上,所有人均可查阅,只需从账本中挑出所需要的几笔交易来证明莎拉有足够的钱支付这笔交易,并形成新的交易再记到账本上即可。与传统模式相比,这种方式效率更高(不知道"村长"何时能处理交易),更加透明(每个人均可处理这笔交易且所有人都可验证这笔交易的准确性),不可篡改(大账本上的交易一旦被认证便永远地记录在账本中)。

在国外某些特定群体中,他们认为比特币广义上不仅指代一种数字货币,也可视作构成数字货币生态系统的概念和技术的组合。在该系统中,底层架构为区块链技术,比特币是基于技术的衍生品。比特币的单位也被称作"比特币",最小单位"聪"为小数点后8位。比特币的协议栈是开源的,可以在各种不同的设备上运行,用户之间通过比特币协议在互联网上进行通信。比特币网络传递价值，并通过分布式计算保护数字资产所有权。比特币运行系统是一个分布式的点对点系统，具有全局竞争机制。

在这里，参考林华等在2018年的著作《区块链——通往资产数字化之路》中的表述，比特币系统的组成为：

去中心化的点对点网络（比特币协议）

公共交易账本（区块链）

去中心化的基于数学的确定性货币发行体系（分布式"挖矿"）

去中心化的交易验证系统

根据国外的相关论文及介绍，比特币的客户端包括完全客户端、轻量级客户端以及Web客户端。完全客户端即完全节点，包含全部比特币交易记录，简而言之就是所有的账本。不需要依赖第三方服务器即可运行，被称作"比特币核心"。轻量客户端，不保存完整的交易，需要依赖第三方服务器运行。Web客户端，用户的钱包完全依赖第三方服务器上。

根据比特币协议，用户拥有客户端后便可以开始第一笔比特币交易了。值得注意的是，此处的比特币交易是根据比特币最初的设计进行的相关交易介绍，但是在现实中，根据目前的国家法律规定，比特币是不能作为货币在市场上流通使用的。因此，在这里，我们可以将此处的交易理解为一个比特币世界的交易原理介绍，了解比特币与区块链技术诞生时的设计体系。在交易开始之前，用户首先要拥有一个"钱包"，这个钱包并不是我们传统意义上的钱包，而是虚拟的钱包，钱包中包含的也不是比特币，而是密钥。如何证明这个比特币属于莎拉而非凯文呢？莎拉要拿出自己的数字密钥、比特币地址以及数字签名。也就是说，钱包创建了数字密钥，数字密钥中含有密钥对（公钥、私钥）。公钥可以理解为银行交易中的账户密码，用于接受比特币；私钥可以理解为银行交易中的账户，用于对支付比特币的交易进行签名。运用密码学理论，私钥是一个标记为 k 的随机数，长度为 256 比特，取值范围 $[0, 2256-1]$，接着 k 通过椭圆曲线乘法（ecc）生成数值 K，即公钥，而公钥又可以通过哈希函数计算出比特币地址（A），比特币地址可以理解为微信收款码。数字签名由私钥生成，公钥可以在不泄露私钥的情况下对数字签名进行验证。

  对于数字货币，各国法律法规不同，上述介绍主要针对原理及海外国家相关的文献概述。在我国，央行等十部门联合发布《关于进一步防范和处置虚拟货币交易炒作风险的通知》，对于炒作虚拟货币的风险进行了提示，"强调了明确虚拟货币和相关业务活动的本质属性，建立健全应对虚拟货币交易炒作风险的工作机制"。由此可见，对于新生事物，各国公民应积极配合国家的相关规定，遵守法律法规，严厉打击违法犯罪活动，在法律允许的范围内进行相关金融活动。

第四章

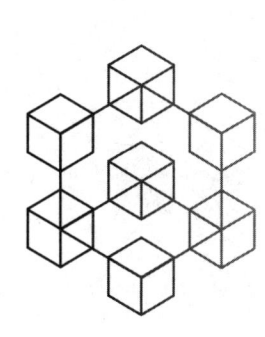

区块链变革 1.0、2.0、3.0

区块链的技术思路的发明可以追溯到1991年，两名研究人员斯图尔特·哈勃（Stuart Haber）和斯科特·斯托内塔（W. Scott Stornetta）率先指出了基于哈希算法的"块链"技术（Chain of Blocks），他们希望以此来构建一个难以篡改的数据文件时间戳系统。1992年，这两位研究人员又将默克尔树嵌入到这种技术设计中，以此来实现将多个不同的文档收集至同一个区块，极大地提升了块链的处理效率。

4.1 通过分布式网络构建的点对点电子现金系统——比特币

2021年9月，根据中国人民银行发布《关于进一步防范和处置虚拟货币交易炒作风险的通知》。通知指出，虚拟货币不具有与法定货币等同的法律地位。比特币、以太币、泰达币等虚拟货币具有非货币当局发行、使用加密技术及分布式账户或类似技术、以数字化形式存在等主要特点，不具有法偿性，不应且不能作为货币在市场上流通使用。因此我们在此仅对比特币的技术特性进行探讨研究，不作任何投资建议和引导。

2008年，密码学论坛讨论组上一个化名"中本聪"的学者成功发布一篇名为《比特币：一种点对点的电子现金系统》的论文，在此基础上，提出了一种基于密码学原理的电子支付系统。比特币是一种基于P2P（Peer to Peer，点对点）网络的技术，也同时开创了基于密码学元素的分布式系统的先河。

随后，2009年比特币即由技术人员搭建成功，开始在主网运行。在一群由极客、密码学爱好者和网络自由主义者组成的小圈子先行者示范的推动下，比特币从小范围的受众中逐渐步入大众视野。

作为比特币网络底层的核心技术，区块链的特点是点对点网络通信技术，将比特币网络上的交易数据分别备份到系统中的每个单一节点，从而建立起整个分布式网络的公共账本，比特币网络使用公共加密密码来管理所有权，并通过一种名为"工作量证明"的算法来提供有效、简单的共识，允许网络中的节点同意对账本状态进行更新。在比特币账本中，所有节点一起维护系统中的数据块。所有存在于网络上的节点都拥有一份相同账本备份，如果想完成对单个节点上的账本备份进行修改的操作，需同时控制网络上超过51%以上的节点才能得以实现。因此系统上的节点数量与网络的安全性成正比。

当然，现在的区块链技术的发展已经不再局限于单一的比特币，当我们现在谈论"区块链"的时候，可以指代为数据结构或者数据库。分布式数据库是由区块链技术衍生而来的最早的应用场景之一，它同时体现出两个特征：数据的分布式记录、数据的分布式存储。

区块链技术通过构建无中心的分布式对等网络构建P2P网络，允许让所有人参与记录和存储信息，然后通过网络上的一系列验证机制，去确保整个网络数据的完整、连续和一致性。

密码学是以数学为基础，蕴含着包罗万象的加密和解密、攻击和防守的对抗过程。比特币将密码学推向大众的同时，也带来了几个颠覆性的概念。

4.1.1 POW算法

比特币网络上采用的是工作量证明（Proof of Work），可达到交易的不可篡改性及交易的不可伪造的双重特性。POW共识机制中，中本聪设计了一个非常有创造力的思想——引入节点的算力竞争，来保证数据库的一致性，同时也维护比特币网络安全。在共同维护比特币网络安全时，节点之间相互不断相互竞争，凭借各自算力去争相解决一个极复杂却极易被验证的数学问题——SHA-256，然后节点奖励其中解决问题最快的节点,它从比特币块中自动获得多张票,系统自动产生比特币奖励。

当一个新的区块产生后并需要被写入到区块链网络之前,此区块会用不相同的随机数去不断地进行哈希运算,直至能找到一个与规定特征相符的目标值随机数,就可以得到网络上其他节点的认可,然后才能被写入到这条区块链主网中。找到符合上述规定特征的目标值随机数的方式是输出SHA-256的哈希算法,这个输出的密码散列函数由n个前导0组成。前导0的个数多少由全比特币网络的"挖矿"难度值决定。当前导0的个数越多,也代表此时比特币全网的"挖矿"难度越高。而随机值的位数并不是固定不变的,会随之增加单位,直到此区块找到符合目标的随机数为止。随后,该节点便与其他节点一样,也享有了区块链上的账本记账权和比特币网络上的区块奖励权,同时还将产生的交易记录均记录在区块账本上,随后网络上的其他区块也会按照时间顺序,依次相连接,然后形成完整的区块链。

比特币还有一个非常独特的性能,即系统中区块的出块时间会根据随机数的搜索难度值来进行调整。在这里,产生新区块的过程就是经常被提到的"挖矿",参与者被称为"矿工"。比特币网络中每过10分钟就会产生一个新的区块,大部分的"矿工"由于算力有限,因此很长一段时间内，将很难产生区块，所以为了能稳定获得收益，大部分"矿工"都会选择加入矿池，共同与其他矿池中的其他"矿工"一起进行合作挖矿，共享矿池收益。而在矿池里的"矿工"，均需要算力才能产生新区块，在此过程中它们需要向矿池发送工作量证明。但是在全网算力居高不下的时候，产生一份完整的工作量其实极其困难，所以在很多实践中，"矿工"只需要向矿池发送一部分工作量证明，就可以得到其相对应的挖矿收益。每个在矿池中的"矿工"所产生的收益都将按照比例公平地分配给矿池中的每个"矿工"。

在开放矿池中"挖矿"，"矿工"可以通过一个公共的接口即可加入到矿池。这种通过开放接口加入矿池的过程使开放矿池有很大概率会被受到攻击，比如区块节流攻击（又被称为扣块攻击）等。

截至目前，POW共识还存在许多不足，比如其超大的算力运算需求、造成的全球大量能源的浪费、与全球能源转型目标相违背、交易时间长达10分钟，这些缺点均使比特币不适用于任何小额、高频次交易的商业场景，但却能很好地保障比特币网络的系统安全性。

4.1.2 椭圆曲线加密算法

非对称加密算法很好地填补了对称加密中不可能有的

一个功能——认证。认证适用于信息传输,使得信息可以被加密的同时,还能被签名,加密传输也因签名功能发生了革命性变化。当第一个人的信息被传递给第二个人的时候,其公钥需要加密,私钥需要签名,这样在对方收到公钥的时候,可以进行验证签名来进行判定。

作为非对称加密的一种,椭圆曲线加密算法自问世以来一直是密码学的热点。最吸引人的是它的安全性。曾经椭圆曲线理论被认为是代数、集合以及数论等多个数学领域的交汇点,是一门纯理科学科。而椭圆曲线密码则是一种基于椭圆曲线的离散对数公钥密码体制。

比特币采用单向函数素数域上的椭圆曲线加密算法来保障其安全性。在密码学中,基于椭圆曲线加密算法的主要功能包括提供隐私文件的加解密、共享密钥、文件加密等。

(域,Field。指能让一个结构同时支持加减乘除基本运算的一组加法和乘法组。)

4.1.3 底层网络

比特币底层网络通过散列的哈希函数,再按照时间戳将所有网络上的交易区块串联在一起,继而形成完整的链式结构,每个区块由以默克尔树的结构方式存储的交易信息和区块头两部分组成。而最终所生成的摘要信息则被以树根的方式最终存储至"区块头"之处，后续如若需要对原先的交易情况进行检索，那么就可以借助于已经存储的记录来进行快速查找。而且该"区块头"还分别记录了区块的重要信息，例如"区块"的相应位置、时间戳以及参量等有关信息。不同"区块"所对应的关联性则可以借助于内部置入的"哈希值"来进行明确，这样就能得到不同区块的次序；参数信息上记录着比特币的挖矿难度和矿工挖到此区块时所得的随机数；时间戳记录着产生该区块时所花费的时间长度；填充字段上记录着参数信息。

4.1.4 UTXO 账户

中本聪还为比特币带来了一个全新的发明——UTXO，一种与以太坊余额记账完全不同的记账方式，UTXO 即 Unspent Transaction Outputs，UTXO 账户的设计方式是将一笔交易所产生的"输出"记为下一笔交易所收到的"输入"，按照这个原则，一笔发生在 UTXO 上的转账过程就是将资金从输入方移至输出方。UTXO 的这个记账过程也非常像一个复式记账的过程。

如绮丽要向亚历克斯转账 100 元，而她账户上现有的 500 元是上一个人乔伊斯给她的，乔伊斯向她支付的费用为未花费的交易输出。绮丽用这笔来自乔伊斯的UTXO作为给亚历克斯的输出花费，那么在这笔交易发生时还将会同时产生两个输出，给亚历克斯的100元和返还给绮丽的找零；在亚历克斯的账户上，100是来自于和绮丽的交易UTXO；在绮丽的账户上，400是一个来自于找零的新的同属于绮丽的UTXO。所以，未来亚历克斯也可以把这100的UTXO作为输入，与下一个人大卫进行交易，将这个UTXO继续"输出"到下一个账户并返回找零。

在上述绮丽转账的例子中蕴藏着UTXO记账模式一个重要的特点，就是UTXO的数值可以为任意数值。在一笔UTXO被创造出来后就不能在此后的交易中分割了，如同一枚任意面额的硬币，由于硬币很难被分割，交易的时候将硬币支付给对方，同时还会产生一个找零的UTXO；如果硬币面值太小不能满足交易额，那就需要多枚硬币来满足这笔交易金额，才能完成转账。

UTXO的记账方式下，每一笔资金会随着转移至不同的账户而形成资金链，而这条资金链里，每一笔交易都有独立编码。交易编码中记录了这笔交易的输入、输出。UTXO的交易中分为"父交易"和"子交易"，交易资金的来源为"父交易"。每一笔"父交易"都恰好为在它之前的那笔交易的"子交易"。所以当"父交易"可以同时存在两个"子交易"——花费输出和找零的时候，"子交易"

却都只有一个只属于它的"父交易"。因此这个过程会涉及非常多位数的交易编码，所以在比特币交易编码的设计上，需要足够长的位数，才能保证每次的交易编码不重叠。

总的来说，通过UTXO记账，能改变原来的资金像一个水池一样混乱的情况。普通的资金池的记录方式，像一个水池，当资金流入的时候，水位上涨，资金流出的时候，水位下降。而每次资金进入水池的时候都会与其他在水池里的水混为一体，无法做到区分。

但是在UTXO记账下，能改变这一切。UTXO账户的记账方式不再如水池般混沌不开，更像是一个透明的存钱罐，每一笔存入存钱罐中的资金都是一枚有独立交易编码且面值不同的硬币，编码上记录的是每一枚硬币的来历。这也是区块链典型的一个应用场景——可溯源。

当用UTXO记账的账户向不同的账户进行转账时，除了能记录余额变化外，还能具体记录本次交易使用的是哪一笔UTXO（硬币）。转账时账户之间发生的来往，包括这笔UTXO资金的来历、经过的所有账户路径，均会被详尽和完善地记录到本次所使用的这笔UTXO（硬币）上，一切都变得非常清晰和透明。

4.1.5 交易规则

交易（transactions），一枚电子货币的实质：它实际上就是在具体P2P网络中进行运行，属于典型的开放式电子现金系统。别的节点加入该系统具有自由性，无需引入第三方可信中介来加以认证，其中不同节点能够利用公钥哈希值当成地址，或者作为数字假名，这就使之具有匿名属性。在相应的比特币网络系统中，存储与传播是比特币网络的核心实体，为此就可以借助于数字签名来实现相关数字资产的转移，这过程中相关交易需要得到验证，而且在完成区块打包之后还需要在网络中得成一致共识，才能最终被纳入到比特币区块链中。比特币网络运用共识机制使得相应网络节点对同一份区块链账本进行维护。

新用户在完成公钥以及地址等信息生成之后，就能接入至比特币网络，然后借助于他人的转账交易或者"挖矿"来获取该币。用户在此过程中需要搭建一个交易并对其进行广播，相关节点在完成交易接收之后，就可以将其转发至相邻节点，接着基于泛洪式传播模式，可以将相应交易转移到相应网络中加以传播。"矿工"在获取相应交易后需要对其加以验证，若是发现其具有有效性，就可以将其存储至"本地交易池"，直至成功转换成"区块"。若是无效交易，对该信息去除之后就能基于相应规则在"交易池"遴选相关交易，然后搭建默克尔树，接着就可以结合区块链尾端的哈希值等对POW输入进行计算，然后借助于穷举法获取可以满足相应条件的随机值，进而对区块头部进行填充。最后"矿工"可以将得到的新区块与之前区块的尾端进行对接，并在网络中进行广播，并等待其他节点对其进行认可。在此过程中"矿工"会接受多个新区块链，而且该链条中的POW以及交易加以验证，然后将其和自我存储的区块链加以对比，相关"矿工"就能对这种区块链形成共识，并能进一步在相应尾部来完成相应"挖矿"工作。

4.1.6 "挖矿"

"挖矿"的本质就是相应节点通过竞争方式来完成计算过程，争取记账权的过程。于是这些节点就是所谓的"矿工"。它们借助于"挖矿"来获取相应的竞争记账权，也就是掌握了一定的"写"操作权限。在成功"挖矿"后就能将打包成功的交易区块直接与区块链尾端进行对接，这样就能获取比特币，同时还以COINBASE格式来进行存储。该币种每产生2016个区块之后，就会对POW难度进行调整，具体是借助于生成速率来实现，进而确保每隔10分钟完成一个区块的生成，而其首个区块，亦可以称作所谓的创世块。当有新的区块生成之后，就能将相关区块对接至尾端，"挖矿"所生成的区块过程即为该比特币法向过程。若是初始区块，那么一次性可以获取50个比特币。通常该币种有一个独特属性，就是每隔四年会减少一半，直至最小单位"聪"，也就是Satos，1聪为1^{-8}BT。直到不能再次减半为止，随后即使"挖矿"也不会发行更多的比特币，由此得到它的总量为2100万个。（2021年5月21日，国务院金融稳定发展委员会召开第五十一次会议。会议强调，坚决防控金融风险。强化平台企业金融活动监管，打击比特币挖矿和交易行为，坚决防范个体风险向社会领域传递。本文仅做技术性探讨，请勿从事非法挖矿活动。）

4.1.7 加密方式

每一个比特币的持有者在上一笔交易和下一个交易所有者的公钥上会签署一个随机散列的数字签名，签名会附在比特币的末尾；在比特币发送给下一个所有者后，收款人可以通过验证签名来验证所有者。这一过程存在一个问题，收款人无法检验之前的所有者是否为这枚比特币支付了双重费用——即双重支付。所以需要一种方式让收款人去确保此前的所有者们并没有对之前的交易进行签署。比特币系统中无第三方中介去确认交易，交易信息可被自行公布。网络中的参与者们都有一个独特且唯一、可溯源的交易序列。

在一个可信任的中央服务器内，只要根据需要编写代码，就可以方便地将状态记录在中心服务器的硬盘上。然而区块链的账本是分布式、可溯源且不可随意更改的。如果把区块链想象成为一个分布于全球的公共账本，任何参与节点都能够拥有账本的所有记录，可以追根溯源。由于所有参与的节点一起维护这个公共账本，因此任何一个节点都不能随意更改、伪造。对于像比特币这样分布的货币体系，必须考虑国家过渡制度和一致性制度的结合，以确保每个人都能同意链条上的交易秩序。

4.2 通过分布式平台创建的智能合约——以太坊

以比特币为代表的区块链1.0完成了去中心，数据具有不被篡改与透明性，不会宕机，所有节点来共同进行维护。然而在技术的约制下，当前其应用功能仅仅局限在支付层面，无法在更多应用场景上做更多向上的探索。

在2013年，由需求为导向的区块链世界迎来了区块链全面2.0的时代——通过分布式平台创建智能合约。其中最著名的现象级公链即是由维塔利克·巴特林（Vitalik Buterin）主导、加文·伍德（Gavin Wood）撰写黄皮书的以太坊——Ethereum。

以太坊创始人维塔利克·巴特林曾说："智能合约解决了协议当事人之间的中介信任问题，无论是转移资产，还是执行两个当事人之间的决定，都可以通过智能合约完成。"

以以太坊为代表的区块链2.0最大的标志就是其在网络层引入了虚拟机（Virtual Machine，VM），去支撑以太坊的图灵完备性。因此以太坊也可被看作一台"全球的超级计算机"："全球"顾名思义是分布于全球，而超级计算机即体现了以太坊超级计算机强大的平台能力，"全球超级计算机"很好地诠释了以太坊全球分布式共享计算机的特性。以太坊虚拟机EVM则是这台计算机上的操作系统，用于理解并执行以太坊计算机特定编程语言编写的软件；而智能合约是这个操作系统上，以太坊虚拟机EVM所执行的软件或应用。

比特币网络颠覆性地突破了在没有中心组织的情况下，让全网对交易的有效性达成一致的困难；而以太坊则突破了比特币未完成的可编程网络，首次实现了区块链系统的图灵完备性，使得具有图灵完备性的脚本将可信任的代码嵌入到区块链中，去支持所有以太坊平台上的去中心化应用。

与比特币相比,以太坊更强调对区块链技术的应用,使得各国都在加强对区块链技术的前景关注和应用。以太坊的创立为区块链技术的大规模应用提供了条件,这是区块链变革上的一个重大突破,至此全球的开发者均可以在区块链上完成相关应用系统的上行与执行,而且具体执行可以得到很好保障,这使之在很多领域得到应用。

以太坊和比特币一样,在网络层都用了TCP-based P2P的架构,这是典型的点对点技术,正是如此,使之拥有去中心等属性。在对等网络层会配置相关的数据协议与验证体系等,为此它的核心就是P2P网络,内部的诸多节点拓扑为扁平式,没有核心节点,随意两个节点都能进行对等交易,而且相关节点"进出"网络也十分便捷,其"P2P协议"可以对不同节点的信息交互提供支持,以太坊用TCP协议完成。

在合约层,由于比特币的脚本功能有限,还只是一个智能合约的雏形。因此在2.0时代,以以太坊为首的区块链主网开始用编程语言进行合约的编写。有别于比特币,以太坊不再使用Script,而是使用了Solidity和Script EVM同时存在的架构。该智能合约无疑是开展区块链编程的核心基础,它可以对合约规则下的计算机自动化执行,其中所涉及的数据与代码总集都存储至相应区块链之上,然后借助节点相应事件与时间作为驱动源，并对它们进行分布式运行，各种条款都是借助于代码加以编程，并能实现自动化计算，然后借助于外部数据与签名来完成相应事件的执行。

数据层作为最底层的技术，主要实现以太坊的数据存储以及账户和交易的实现功能。在数据层，区块（Block）是以太坊的核心数据结构之一。加文·伍德（Gavin Wood）沿用了StateDB和LevelDB数据库的思想，大量使用了MPT数据结构和键值对[k，v]型数据库，这使得以太坊的内部结构与比特币截然不同。在以太坊中，与账户之间相关的动作都以交易（或合约）的形式存储，每个区块在区块体中都有一个记录交易、被称为交易树的列表，交易执行的结果会存储在区块体的手机列表中。账户和交易可以支持诸多新的密码算法和技术，其中就涉及非对称加密、数字签名等，这样就能使得交易在去中心化系统中安全完成。

激励层承担网络发行和分配激励之责，主要指的是创建新区块获得奖励和验证交易获得手续费的过程。在激励层上发行的是以太币，以太币并非数字货币，它是基于平台的燃料，在传递交易、对智能合约进行执行时都需要交付一定"以太币"给矿工。而这种币种也能借助于挖矿来获取。

共识层负责在网络中的节点相互不信任的情况下，去实现全网所有节点对交易和数据达成一致，使得节点对交易的合法性有一个统一的认定标准。

以太坊的核心技术可以在不需要第三方信任机构的情况下实现分布式账本和智能合约。因此每个节点都需要加载全部区块链数据。以太坊也可以理解为是由副本组成的共享账本，为了确保网络中的所有节点都具有同一个副本，并且没有向数据库中写任何有效数据，以太坊最初运用的是POW（工作量证明机制），在具体等待网络环境中，将以太币进行充分分散和流通之后，就能进一步使用POS机制（权益证明机制）。这种机制可以使得交易速度更快，而且不会产生资源耗用，这样就能更好规避单一使用此机制而引发的初期权益缺乏公平分配问题。以太坊的共识阶段将分为：Frontier、Homestead、Metropolis、Serentiy四个阶段，阶段之间的转化需要通过硬分叉的方式实现。在初期以太坊仍旧采用POW算法，但是并没有如比特币一般采用SHA-256，而是采用了Ethash算法。由于以太坊的POW主要通过CPU计算难度，因此在以太坊的Ethash中加入了内存和带宽难度，以此来帮助以太坊抗Asic化。

4.2.1 智能合约

由于以太坊加入了智能合约的概念，而智能合约又恰巧是以太坊为区块链带来巨大变革的一个，也是以太坊能被称为区块链2.0的主要原因。

该合约的本质就是"智能合同",具体是通过相应事件来进行驱动,可以按照设定的条件来对资产进行自动处理,该程序是由事件所驱动,并得到诸多参与方共识。为此它的优点就是能够借助于算法来对合同进行仲裁与执行。而且这并非为传统可以自动执行的计算机程序,在这里,计算机程序可以和参与者直接相结合,除了做执行代码的操作以外,作为系统的参与者,智能合约还可以按照事先的规则接收和存储价值,对接收到的信息进行回应,同时亦能传递价值与信息。该合约被置于区块链之中,在外部数据与事件纳入至该合约之后,就能按照设定的响应规则与条件,给出相应动作,然后将对应结果记录于对应区块之上。由于取自于区块链,所以该合约也有着区块链属性,亦是:不被篡改、公开透明、永久运行。

示例,假设现在阿曼达的公司为詹妮弗的公司代加工一批最新型号的手机,这笔订单合同约定要在智能合约上完成。订单周期为2个月,货款总额为150万美元。代码会通过某些条件来判定订单的条款是否成立:交货周期是否到期、阿曼达公司是否付款给詹妮弗公司150万美元。然后通过智能合约,再将阿曼达公司代加工的最新型号的手机交给詹妮弗公司,届时阿曼达公司与詹妮弗公司均无法违约。

这个例子中反映出智能合约的一个主要特点：不被篡改、公开透明、永久运行。其在执行中不依赖于任何第三方的信用背书，双方不需要依靠对方来做到对此次合约的言行一致与信任，也不需要在出现纠纷时通过法律手段来处理纠纷。因为在智能合约的订立上没有任何模棱两可的空间，代码即法律，可以客观且及时地执行合约上所约定的各项条款。

4.2.2 以太坊虚拟机

在上述例子中，由于智能合约成功部署到区块链之后，并不能自动执行，所以当阿曼达和詹妮弗公司双方想要将约定的条件写入智能合约，并且将代码进行执行，还需要在相应节点上配置以太坊虚拟机（EVM），这也是该智能合约得以运行的基础环境。该合约会通过EVM解释成字节码进行执行，以太坊虚拟机在一个隔离的环境中，被沙箱封装起来，外部无法接触到在此虚拟机内部所运行的代码，而且该内部代码也和网络、其他进程以及文件系统不进行接触，即使智能合约之间的调用也具有有限性。

在相应区块链上的智能合约通常是能够在本地形成原智能合约代码数字串，随后该合约就能在以太坊网络中进行运行了。该合约具有公开性，包括价值与状态信息等。

无论何人皆可加入到网络中上传智能合约，或者激活智能合约让这些程序自动运行。当用户端发起相应交易，相应以太坊节点就需要对相关函数与参数进行调用，各种节点都会接受诸多交易，随后从区块链数据库获取相应的智能合约运行代码，接着在本地虚拟机进行运行。这样就能规避某些节点的负面作用，将节点所运行的结果与其他以太坊节点进行对比，确保准确之后就能将其写入至区块链之中，这样就能使得该合约可以被正确执行。

4.2.3 去中心化应用（DAPP）

以太坊社区还带来了一个全新的词汇——去中心化的应用程序（Decentralized app，DAPP），即位于区块链技术模型中合约层之上的应用层。DAPP之于区块链底层，如同APP之于IOS以及Android系统。它是把智能合约通过客户端代码部署在区块链网络上创建的。其中DAPP客户端的代码运行在Mist浏览器里，"服务器端"代码运行在整个区块链上。

DAPP的目标是在智能合约与用户之间构建一个较高用户体验度的界面，而且该应用也能在对应中心服务器上运行，并和相应区块链节点进行交互，当然也能在某个节点上运行。相较于Web上的APP而言，它们需要提交交易到区块链，并且这一次是从区块链数据库中提取数据。

在登录页面上，DAPP也与典型的用户登录系统不同。在DAPP中用户可以通过一个钱包地址就直接登录系统。在传统的Web应用APP中所有用户都与一个中心应用程序进行交互，对平台具有极大的依赖性，因为所有用户的数据都被存储在服务商平台上。而在DAPP中相关依赖性就会显著减弱，而且用户能够对各种数据进行直接访问。在"权力下放"推动下，用户就能更加便捷地处理自身数据，也提高了数据迁移的便利性，同时也避免了中心服务器受到攻击而对数据造成的安全隐患。

截至目前，去中心化应用还在增长中，亟需一个再次发展机会，由于当前区块链1.0版所涉及的去中心化运算与存储，容易使得整个系统性能下降，而且在移动端生态下，难以支撑DAPP的普及率以及对"胖协议、瘦应用"的固有模式进行改变，丰富用户体验的缺失都是目前以以太坊为首的区块链2.0公链需要努力的方向。

4.3 通过共识协议创造的激励机制

从经济学上看，比特币所提供的激励机制很好地解决了挖矿者的动机问题，而以太坊的激励机制则很好地解决了前景驱动的激励的问题。

区块链技术的关键就是共识机制，它可以对"P2P"网络所涉及信任通信问题进行解决，这亦即"拜占庭将军"问题。共识机制能够对产生新区块的所有权进行决定，同时决定记录信息的写入权和区块链网络一致性的维护的问题。作为中本聪设计的比特币网络里重要的一环，共识也被称为去中心化的自发共识（Emergent Consensus）机制。自发即所有共识不是事先明确达成，然后成千上万遵循共同简单规则的节点，在异步交互过程中形成账本的一致性，自然形成共识的过程。

区块链变革也犹如科技生态化一般逐渐进入了区块链3.0的时代——由经济激励的经济逻辑层上去保障区块链的高效、安全运作。而这种保障的前提，归根结底是需要通过共识协议这种"明确经济利益驱动"的群体行为去促进加密经济的分布式协同作业。

如果说区块链技术的出现是各类信息技术融合带来的"化学反应"，那么经济机理则是其中的"催化剂"。如果想维持一条区块链网络的稳定性，必须有足够的激励机制才能吸引参与者尽可能地参与到全新的区块链网络的挖掘与铸造。一旦激励模式不够好，就容易造成参与者不够多，那么网络安全性就会大打折扣。

发展到目前，区块链技术已经不仅仅局限于"挖矿"、金融领域以及其他溯源、资产转移和合约管理上，作为人造物——科技产物之一的区块链，其实也是地球上第七类物种的一种。科技产物与非人造产物一起有共同基本属性，都有前面几种非人造物同时具有生命体共同基本属性，逐渐演变成"机械系统在生命化、科技生态化"的过程。人们对科技的本源、发展轨迹和动态因素都非常关注，因此人类的欲望也会衍生到科技当中。人容易被欲望左右，在"丛林规则"的支配下，人对弱肉强食的支配欲和征服感也逐渐涉足在科技产物中。马克思曾说："私有制使我们变得愚蠢和片面"，那么这在科技上也逐渐发生了变化，由人性的异化逐渐沦为满足人无限扩展自己欲望的工具。地球上的一切生命体存在物都有自己的需求和与其对应的满足需求的能力，人造产物——科技产物也一样。

在众多科技产物中，加密世界更接近现实世界非古典经济学，因为竞争性的市场机制在很多情况下解决不了激励和效率的问题，不少诺贝尔经济学家也通过理论界和实物界重新认识到不同的制度安排和组织结构在非古典经济学中对交易费用、激励机制和资源配置效率等重要影响。

凯文·凯利也曾在《科技想要什么》中用科技发展三大动力的要素来解释区块链技术的持续变革发展原因——

区块链以自身结构的需求解释了区块链发展的必然性，以区块链横向内部发展的引力解释了区块链进步的偶然性，以人类社会在逐步实现区块链科技生态化选择时的集体意识解释了区块链变革发展的开放性。

区块链中共识协议的激励机制可以看成是经济学机制设计理论在工程技术层面的创新和实践，在对公共资源机制设计有效实践的基础上，区块链将其延展到加密世界中数字经济的设计机制中。

激励的本质就是借助于外因来激活内因，从而使得被激励对象的相关行为能够按照预定方向发展。这也意味着激励属于典型的引导行为，"激"是一种诱发动机，它可以对被激励者的行为进行强化。人们的行为必然有着动机支持，后者就是该行为的内因。按照激励理论，"需要"会激发人们的行为，也就是说人们的行为就是要满足相关需求。若是这些需求不能被满足，那么相应行为就会有所改变。相应需求就会构成人们的利益，而利益就是以满足需求作为目的，在市场经济中，利益就成了驱动力，人们的奋斗目标也与相关利益关系紧密。

网络经济学的新规则，或多或少都有"分布式""去中心化""自组织"等特点，机制的设计理论目前已经逐渐延伸到了数字经济的机制设计里面。从实践研究来看，多中心制度安排的表现要优于单中心的体制，而比特币也用了10年的实践，证明了分布式经济治理机制的可行性和有效性。

2012年Sunny King在点点币系统首次提出了POS共识算法（Proof of Stake，股权权益证明），混合了POW与POS共识机制，与此同时也首次引入了币龄的概念，而后在黑币系统中省去了币龄的概念，改为币权的概念。币龄可以用"时间"与"钱数"的乘积来表示。

根据POW机制，矿工不能对counter值进行穷举，只可以在1s之内对哈希值进行一次计算，而且此步骤主要是借助于timecounter（时间计数器）来实现。

满足相关条件同时持有相关数据，"矿工"就能取得"挖矿"资质并取得收益。当"矿工"持有相应币种的时间越长，相应的币龄就会随之增加，"挖矿"成功的概率就会提升。为了改变之前POW机制中的"马太效应"，进而产生两极分化问题，POS机制中当每个"矿工""挖矿"获得一块奖励时，点点币系统中就会将该"矿工"已经出示的币龄清零重新计算。

POS权益证明机制的核心思想为：第一，节点得到的区块的铸造权概念与节点所掌握的可用权益有着正比关联性；第二，区块链系统会形成新代币模式，在之前POW机制下，能够生成区块固定奖励，而在POS机制下，当区块生成之后就需要对币龄进行清除，由此产生新代币。币龄就是相应地址所拥有币值与时间的乘积，由于POS机制在对币龄进行清除时会生成利息，亦即是所谓的新区块链代币。这种机制能够对算力与电力消耗进行很大的降低，而且还能减短生成区块的用时以及达成共识的时间等。由于对POW机制的局限性进行了很好的优化，新的POS机制使得资源利用率得到提升，同时也显著减小了不同节点的贫富差距，也能很好规避算力被垄断的问题，新加入的节点得到友好对待，而节点的共识用时也会明显减短。

然而POS机制亦有自身局限性：这种机制需要结合权益结余来加以遴选，这样，富有节点有着更大权利，这样就可能对记账权与收益进行支配。另外POS机制还较容易形成分叉，为此每笔交易就会形成较多的交易确认。

共识机制中由于存在许多经济学原理，延伸出了权利的选择，而权利应顺应人之自然本性，才能满足人之根本需要。2013年8月，"比特股"（Bitshares）项目提出的一种新共识算法对人性进行了严苛考验，也就是所谓的DPOS（授权股权证明）算法。这种算法与"董事会决策"有着较高的相类性，它将系统中诸多节点视作持有一定股权的代表，而且它们具有选举权，那些得到更多选票且想要成为代表的前N节点，可以统一进入到"董事会"。随后根据相应的时间表对相应交易进行打包计算，并最终生成相应的新区块。前面的POW与POS算法的核心分别为

"算力"与"权益",而这种新的DPOS算法的核心就是"民主集中"。通过它可以对POW资源浪费问题进行解决,同时也能消除POS算法中那些拥有权益记账权限的参与对象可能存在着不期望参与记账的问题,所以这种新的DPOS共识算法具有更高的灵活性、高效性、快速性与去中心化属性。

经济学上的激励理论中,有关于分工的问题以及信息不对称问题所衍生出来导致各种激励问题的情况。当主体与客体之间的目标不同就会出现完全契约不可能达成的情况下,进行逆向选择问题(隐匿信息)。在经济学体系中无论哪一种行为都是以目标作为基础。若是激励主体不能设置科学的行为目标来对客体进行激励,那么效果就很难满足要求。经济学理论同样适用于区块链3.0中通过共识协议创造的激励机制,其中有效的共识机制的一个重要特征是,鼓励激励主体和激励客体的目标一致性。好的共识激励机制作为激励主体,能引导所有激励客体向同一个目标前进,去共同维护主网的壮大和数据的安全,影响到激励的效能。

第五章

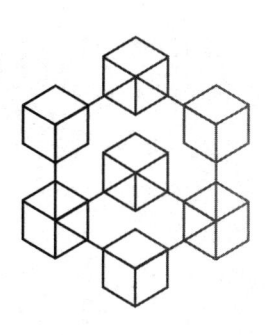

数字资产——新基建重构未来数字经济新形态

究竟什么是数字资产，目前并无权威说法，但是对相关文献进行梳理，就可以总结出这类资产是可以被利用、存储、分类的数据，这显然不是一种对数据的简单堆砌，属于典型的加元数据，拥有相应的价值，并能被应用。

5.1 什么是数字资产

数字资产的资产性与数字性特征。

第一，资产性。也就是当该资产所有者可以对其进行相应控制能够为自身获得相应经济效益，其无实物状态属于典型的无形资产，且可以对其进行重复应用和长期保管。

第二，数字性。这是数字资产特殊性的体现，这些数据不再被某家公司或者组织所独立拥有，所有人都会投入到数据的生产与应用，从而才衍生出此后的大数据概念。大数据让数字采集和处理更为便捷，其中所涉数据内容也颇为广泛，如音频、文本、视频、电邮等。

与此同时，数字资产还可以通过区块链来进行即时交易，其风险控制能力明显优越于其他形式的资产交易。那么，数字资产具有哪些特点呢？

以下对这种资产的相关特点进行概述：

第一，无实体性。指没有具体的物质形态，数字资产可以与物质载体进行捆绑却独立于载体。

第二，高增长性。数字资产市场处于潜力待发展阶段，由于数字资产能为公司或者组织带来巨大收益，因此具有高增长性。

第三，高复制性。数字资产可以被复制与分享，不管是数字资产的所有方还是应用方，均可以通过分享、复制和交换以创造出更多的价值。

第四，高风险性。此特征和数字资产的高增长性的收益相对应，由于在传输过程中的传输成本极低，因此数字资产在传输中存在风险性。而随着市场竞争激烈度显著提升，对安全性带来更多不利影响。数字资产具有流动性，并存储在相应的公共存储载体中，若是对其缺乏科学的管理，那么该资产的安全性就会受到很大的负面影响。

第五，高时效性。数字资产具有显著的时效性，也就是说对这些资产的利用要选择适当的时机，才能使之发挥最大的价值。若是超过了有效利用时间，那么这类资产的使用价值就会大打折扣，甚至会毫无价值。

第六，稀缺性。我们往往从供需关系来对资产的价值属性进行衡量。我们发现数字资产的稀缺性将会对其价值带来很大影响。若是此类数字资产在当前市场中较为鲜见，那么由此产生的预期收益将会十分显著，会影响其定价的上涨；反之，若是在市场中已经出现了很多类似资源，那么这类资产价值就会显著下降。

相较于传统资产，互联网经济下的数字资产有哪些改变？

在现代经济体制之下，已经成功完成了对产权制度的构建，产权制度是如今经济持续繁荣的关键要素，而数字资产也有一套独立的产权制度。

首先，数字经济引起了产权制度的变革。

在现代经济中，对产权制度进行清晰界定和构建是经济持续发展的关键。在正式跨入数字经济时代之际，人们的行为与商业经营模式都产生了极大的改变，因此数据这种生产要素在产权表现形式上与产权运作方面都有了根本性的变化，主要表现在其产权所有权上的逐渐弱化以及在产权运行上的创新。

1.所有权弱化

互联网各种基础设施及终端设备上进行传递与保存数字资产的信息量单位为比特，这种数字资产在形成之后可以以很低的成本进行复制并且有无限供给性，因此其所有权具有十分显著的非排他性。示例：某日，塞丽娜从谷歌上下载了一张狮子图片，一小时以后，克尔温也从谷歌上下载了同一张狮子图片，而塞丽娜并不排斥克尔温和她拥有同一张狮子图片，克尔温也并不排斥塞丽娜和他拥有同一张狮子图片，谷歌也同样不排斥塞丽娜和克尔温同时下载了这张狮子图片。这就意味着使用者在使用一样产品或者服务时，也不会排斥其他人对这样产品和服务的使用，为此这些用户并不会对相关产品的归属问题进行关注。所以我们说此时的数字资产在其所有权上就进行了弱化。

2.产权创新

数字资产是以代码组成的数据为生产要素，其定价基础、价格运行机制和其他相关生产要素具有显著差异性。数据这种生产要素在相应产权制度上具有显著不同。在这里，产权并不着重体现在数据规模体量的拥有情况，而是受到如何对这些数据进行智能分析、挖掘价值、存储等能力的影响。也就是说，其关键环节在于如何让这些数据能够转换成有价值的信息，帮助人们进行预测与决策判断，否则规模再大的数据也不能转换成资源，甚至还有可能会转换成负资产，同时带来更多的管理成本。因此产权创新关键就需要增强数据分析和采集，使这些数据最终转换成信息，再通过智能化利用、数据共享等其他手段转换成价值。

在实际应用中，全球化发展的银行体系已经率先开始支持数字资产产权创新，其核心内容就是将传统金融机构所控制的用户金融数据所有权进行重新界定，使之交还到用户手中。欧盟就曾通过法律法规去规定以及提倡：金融单位所掌握的用户个人数据是由个人所有，相关企业和公司只能进行临时管理，它们对这些数据的所有权仅仅是托管，而不是拥有。所以在数字资产产权的界定中，鼓励平台上的公司在掌握与个人具有关联性的数据时，对这些数据只拥有最小使用权限以及运用分权原则进行管理，从而做到对个人数据权益进行更好保护。数据所有权最终完全在个人身上。

3.信用体系创新

数字资产的信用关系在数字经济中通过技术化转换，表现出更简单、识别成本更低的信用关系，降低了交易成本的同时提高了交易效率。而这种信用关系技术化的前置性预设，也是防范金融风险的一种手段。

尽管数字资产在互联网经济下已经大放异彩，然而随着区块链技术的突飞猛进，新的存证方式打破了传统互联网的壁垒。基于区块链的可信数字资产存证系统底层架构更是进一步整合了哈希加密、共识机制以及去中心化存储等多种技术。其中，共识机制和去中心化存储为数字资产提供了基于区块链存证技术的全新技术方案，也为数据资产到数字资产的演变作了支撑。

5.2 互联网时代下的数字资产

在互联网时代下的数字经济，其模式必然受互联网技术架构限制，由于因特网的技术架构主要是以设备与IP地址作为核心，因此需要对两大架构问题进行解决，亦即是中心化服务端诸多的内部组件架构和IP地址访问服务器的两大问题。

区块链技术在存储与验证数据方面使用的是区块结构与链表，批量更新与生成数据时则会使用脚本算法与分布式共识机制，同时还借助于密码学确保数据能够安全与稳定传输，而自动化脚本代码能对数据进行编程与操作，这样就能构造全新的范式去中心化的架构和分布式计算。区块链的关键就是对数据账本进行采集与验证、共享，这种数据账本本身具有固定与可追溯性，由此就能创建基于分布式系统的信任机制。区块链的技术发展进一步迭代了互联网时代的数字经济，也使数字经济的类目和内涵得到了不断丰富。

数字经济时代，数据是承接互联网时代及区块链技术时代的重要生产工具。由于传统意义上以中心系统为基础架构的模式已经很难适应数字经济快速发展的要求，所以区块链技术无疑成为当前极为重要的方式去实现数据的分布式存储、高可信度和难以篡改的目标。这种技术可以创建对等式传输网络，利用密码学等相关技术可以对数据价值进行确权，并实现数字资产化的转换。区块链中的激励与共识机制，可以对现实经济下的组织结构进行复制，进一步提升价值传递效率并使得成本降低，进而成为创建数字经济、信息社会的关键组件与相关基础设施。

数字资产定义主要和数字资产内涵理解关系密切，而资产内涵则会遵守会计学中有关资产的定义，它受到资产计价目的的影响。资产是指会计主体由过去的经济业务或者事项形成的、由会计主体控制的、预期能够带来经济利益流入或产生服务潜力的经济资源。

会计学角度中的资产，与经济学"财富"等概念关系密切，其核心价值就是当前及远期的收益。学者亨德里克森在其撰写的《会计理论》著作中明确提出"把资产解释为经济资财，使得有可能对它作现实的解释"。

所以如何定义数字资产，也可以通过吸收传统会计理论来构建全新的数字资产理论。传统理论对资产的认知，往往存在一些历史局限性，譬如对现实需求以及动态化改变的考虑存在着问题。在现实中尤其是数字资产领域，资产想要被确权并不简单，尤其是在传统会计领域所涉及的资产摊销与计价等问题，都在数字经济领域产生了难以解开的新结。所谓"解铃还须系铃人"，此时只有对传统理论关键点进行科学汲取，才能精准掌握所存在的不足，然后对资产进行分析，由此搭建一个契合数字经济时代的数字资产理论，这样才能从本质上解决相关问题。

5.3 区块链时代下的数字资产

鉴于传统数字经济的局限性，区块链技术被代入去思考如何更好地解决这一问题：如何在当前信息社会中对生产资料与劳动者关系进行明确，在具体劳动中关系与地位进行明确，在相关产品的分配上进行明确等。区块链作为当前信息社会的重要组件，同时也是推动资产数字化，进一步拓宽数字经济的空间及维度的重要技术支持。

如今，这种在区块链分布式账本中登记的数字资产已经彻底颠覆了传统的数字资产的价值存储、流转与交易模式。

此前作为有形资产，传统资产的流转及交易的形式极为复杂，通常价值大的资产交易还需要中心化机构的公示。金融工具的产生能将这些有形资产以某种凭证的方式进行映射，因此而产生了各种形式的证券，以此来增加各种有形资产的流动性。

而区块链技术的出现完全颠覆了此前所有的金融工具的表现形式，它不仅重构了价值凭证的记账逻辑，用分布式记账的方式来取代了此前的中心化记账模式，还能结合智能合约，使得数字资产交易系统可不再需要人工的干预，以此来实现数字资产的确权和价值转移。因此登记于区块链上的数字资产是一种能使得资产的流动更灵活的全新型数字资产。

现在让我们重新定义数字资产。

有关数字资产的定义，目前得到业内较为认可的定义为：将各种被授权的文件或者媒体资源（如音视频、图文等）进行二进制编码。所涉及的内容极为丰富，如应用系统、网站、文档、图文、音频、视频、电子货币、电邮及其内容、社交网络账户以及关系等。

百度百科上从经济学视角对数字资产进行了下面的定义：它是公司所控制，其形态为数据形式，是在日常生活中的一种典型的可变资产。这也意味着数字资产并不仅仅是如今泛滥的数字货币，而是由各种电商、社交媒体等公司所采集到的海量数据，在符合法律规制、个人隐私得到尊重的前提下，通过相应的运算法而形成能够被会计计量的虚拟可变资产。

那么，能被定义为数字资产的资产需要具备哪些条件呢？

第一，数字资产能够给会计主体带来利益。在经济业务活动中，会计主体可通过生产、采集、加工、购买等方式拥有并控制数字资产，并且可以通过出让数据、加工数据或提供数据服务来获取利益。数字资产是能给会计主体带来预期收益或者产生服务潜力的资源。

第二，数字资产成本或者价值能够被可靠地计量。

第三，数字资产价值是以相应的经济利益作为基础，可以从现实与未来角度来获取相应利益，而且本身也有相应风险投资属性，其未来利益具有较大的不确定性，因而其确认和计价应以目前利益为主，在公认可行的条件下，适当考虑未来利益。

第四，数字资产无实物模式，由种类繁多的无形资产组成，主要确定它可以利用现金净流量来对经济利益进行反应，或者具有显见的交换或使用价值，即应通过恰当的分类确认为数字资产。

5.4 数据的权利，数据即资产

在数字经济时代，发展数字经济的重要前提与保障是对数据权属关系加以明确，在权属关系不加以明确之前，数字资产很难进行有序流动。一旦数据难以被分割，就会限制对数字经济产生精细化、多维度的发展，难以为新模式、新业态提供更多的权利保障。

数据权利指的是数据的所有权、采集权、存储权、及支配权与隐私权等。它是一种综合性权利集合，涵盖了数据财产权与人格权。对数据确权，实际上就是促使数字经济持续安全和健康发展的重要前提。

有关该确权问题，就是对数据权利集合内部的诸多权益进行细分与确定过程，包括对数据的复制滥用、缺乏标签等问题的解决方案。在采集、存储、流转与销毁数据的不同环节，会形成不同权属关系，而且不同阶段的权属关系往往很难被细分，数据分割问题无疑是数据确权的重要附属问题，它的核心就是数据难以确权而使得相关数据很难被拆分与流转。

5.4.1 数据确权界限清晰

互联网模式下的数字资产采用中心化的数据存储模式，可以实现海量式存储，并能支持并行数据计算，提升信息处理效率。然而由于需要将数据及其生产者进行隔离，导致了数据权利界限不够清晰，在数据分割、确权、安全、可信等诸多领域仍然存在着很多问题，其对数字经济发展产生了很大的制约性。

区块链所涉及的分布式账本机制有着不可篡改属性，它能打破中心化系统对数据垄断的壁垒，不同节点在独立运行区块链协议时，可以将相关数据存储至各自对应的本地客户端，最后将不同节点的数据共享至整个网络，进而实现一致性共识。可以说数字资产在区块链模式之下，更容易实现数据确权、分割、共享以及安全可信。

5.4.2 数据权利不受侵犯

因特网、物联网等的迅速普及，也助推了相关"云计算"以及各种平台都取得迅速发展，这也催生了数字经济下的数据寡头，这使得很多个人数据价值被侵取，并将其应用于大数据等模型训练，亟需一种很好的数据权利不受侵犯的新模式。

区块链技术可以构建一个分布式信任体系，这也为数据确权提供了重要框架支持。因为区块链的核心就是对数据机密性与实时性进行一定程度的牺牲，从而确保其完整性，为此在数据确权的实现过程中就需要积极与其他技术进行融合。如今区块链技术持续发展，在数据确权层面有了两种不同的方案：第一，与密码学算法进行结合，由此来对数据进行加密，并对交互权限进行控制。最基础的方式可以用对称或者非对称加密算法进行融合，以实现数据确权，然而这种方式会涉及海量的计算量，使得数据交互实时性受到延迟，因此此方案只适用于联盟链中。第二，在链中引入数据访问日志，从而对访问主体的私钥进行记录，这样就能产生数据全生命周期的交互留痕，而该方法会对节点数据的存储带来颇大的压力，因此在公链中仅仅适用于全节点的用户进行记录，若是轻节点，则不需要进行记录。

5.4.3 数字资产可复制性被限制

众所周知，互联网中数字资产无法规避被复制，当数字资产在已被确权之后仍然出现"重复利用"现象，这就会进一步衍生出数字资产的"通货膨胀"问题。因此数据寡头们——现象级的互联网公司一直遵循的是"一次生产、多次销售"原则,由此促进了数字资产的可复制性,进一步巩固自己数据寡头的地位。在具体情况下,可复制性不仅会对确权与交易带来不利影响,同时还会衍生出盗版与非法交易行为等问题,使得数据的原创者权益受到侵害。

区块链环境下的数字经济,则是以"技术信任"作为基础经济体系,其在此领域优势体现在:

一、区块链对数据共享、确权与分割优势显著;

二、这种分布式的网络拓扑结构可以使得数字资产有着更大的应用覆盖范围,不再局限于与中心化可控范围之内的交互流转;

三、对虚拟货币进行创新,并能在金融领域得到应用。

综上可见,区块链技术在规避资产复制层面有显著的优势,也是扮演资产数字化过程中的重要角色。

5.4.4 解决数据资产共享问题

在因特网模式之下,数据共享解决方案必须要得到统一的数据接口与中心的共同支持,不同数据供给方需要基于同一个接口规则将诸多数据汇集至数据中心。然而这种方式涉及隐私、责任细分、数据沉淀等诸多问题，很难让数据共享实现完全的安全性，这必然会给信息交互带来制约性，同时影响多元化的数字经济的发展和协作与治理。

而区块链技术中所使用的共识与加密算法，能够确保数据不会被篡改或者伪造，使得数据欺诈与伪造等成本急剧增加，这能有效地规范数字经济秩序，同时增加了不同单位个体之间协同合作的信任度。同时，区块链还能结合数字认证，在用户进行实名制后完成对身份进行验证，以此来解决数据共享环节中所涉及的权限与身份问题。

区块链中的密码学算法是保障数据安全的多重保险箱，能够确保共享数据的安全性和隐私性，在没有得到相应的保险箱钥匙，也就是在没有得到授权的情况下，就无法读取分布式账本中的数据。而数字签名技术更相当于保险箱的登记簿，不管谁开了保险箱，都能登记在册，也就是能够确保对数据的任何操作都可追溯，从而实现明确的责任划分机制。

5.4.5 数据资产更加安全可信

中心化存储往往会引发数据安全与信任问题，在因特网环境下主要采用的是中心化存储模式，这样可以获取信息，促进其降低流通方面成本，然而在安全性、可信度上很难得到保障。这种中心化存储模式会将用户所生成的各类隐私数据暴露至后台管理主体，管理人员可以从后台对用户信息进行查、删、改。为此，当数字经济发展到一定水平之后，必然会面临着数据安全与可信问题。

区块链技术引入了哈希算法将"数据"与"哈希值"进行了一对一映射，然后利用非对称加密算法就能对数据进行确权，确保数据对象具有完整、唯一与真实属性，数据私钥具备了将主体与数据对象硬性链接的关系，服务端也因此实现了透明化管理。在智能合约下可以完成去中心化环境创建，然后以此作为基础生成、传输与存储数据，为数据的价值流动提供了重要前提要件。而且在密码学的支持下，区块链上的数据的加密与保护也不断成熟。由此可知，区块链可以很好实现基于价值的因特网协议，这样就能为数字经济发展提供战略支持，进而更好构建安全可信的经济规则与秩序。

5.4.6 数字资产类目扩大

随着区块链技术的发展，数字资产的类目所包含的类别也在不断扩大，在一些国家已上升到立法层面，已有国家出台了相关法律，人们对其认识在不断深入。在已有数字资产的定义中，艾伯特·冯·尼尔科（Albert Van Niekerk）认为数字资产具有被格式化为二进制（即被数字化）并拥有使用权的特性；阿尔普·托伊加尔（Alp Toygar）等人指出数字资产具有二进制形式（数字化）和所有权，并提到其产生和存储在电子设备中；罗德·金德斯（Rod Genders）和亚当·斯泰纳（Adam Steena）认为数字资产具有数字形式和持有性。可见，二进制形式（数字化）、使用权或所有权是数字资产比较显著的特性。

在区块链技术的支持下，信用关系实现了技术化转变，当前区块链的重要发展方向之一就是在因特网上构建一个去信息化的数字环境，利用该技术来对信用关系进行界定，不再使用传统信用关系。而且这种基于区块链技术的信用关系不再依靠法律来规制，使得因特网环境下的信用关系实现了信用化和技术化。

数字经济的信用关系技术化转换，使得交易主体获取信息变得更为简单、快速、准确与低成本。在这种新的经济环境下，也会产生新的经济组织形式，其中所涉及的产权与财产所有权会得到不同程度的弱化，而这些都会使得信用关系形成显著变化，其本质就是信息关系技术化转换。在数字经济环境下，人们交易开始基于网络来实现，这样就从原来的真实世界转换到虚拟世界，而在数字资产交易环节，交易信息会更具有透明性与公开性，市场价格竞争也变得更为激烈，相关成本也实现了全面降低，由此显著提升交易效率。

数字资产无疑是当下最受海外资本市场追捧的热点之一，当下资产的确权变得愈发迫切。然而，数据资产的确权在全球范围内仍未形成成熟妥善的解决方案。互联网模式下的数字资产又具有一定的局限性，无法做到万物皆可通证化的生态：

一、传统模式很难对实体资产数字化展开确权，难以构建完善的信任体系，因此数字资产在中心化系统中容易出现被复制、滥用等风险，导致数字资产也只能借助于中心化主体来发行；

二、中心化主体发行的数字资产只能在相应可控边界区间之内进行流通，这极大地制约了数字资产的扩展与应用。

然而在区块链时代，数字资产可以通过资产数字化、资产上链的方式，达到万物皆可通证化。在区块链上，将资产进行数字化转换的关键就是资产上链。

在无形资产层面，在中心化资产系统中引入区块链，并对其进行信息对接，然后展开"线上线下"相结合确权即可。

无形资产上链尚且较为简单，而对于有形资产而言，则需要借助于物联网技术来对资产进行数字与标签化转换,来对数字资产与实物的真实、可信性进行保障,主要是通过线下实物确权与线上监管部门确权来联合保障资产的真实性。可见监管与鉴定部门在早期资产数字化环节会扮演十分重要的作用,特别是大宗交易与贵重资产数字化,要强调监管与治理协同并进的理念。

区块链技术全网记账的特点可以为企业数据资产进行上链确权,同时通过多重签名等技术实现数据认证,认证数据不可篡改等特征。

资产上链实际上就是将实际世界中的具体资产展开"区块链"转换,使之成为链上通证。相关数据资产能够借助于区块链技术在权利上变得更加明确,并能对交易进行公开,而收益分配"通证"方面也具有公平合理性。上述过程中就是所谓的数据通证化。

区块链原生资产与数字货币有着显著差异,它的价值是由区块链进行创造。数据"通证化"将相应数据资产与链上通证展开映射,在此后数据资产的供给、授权、调用和存储等诸多环节时调用区块链通证来组织相应经济模型,由此产出的数据可以给予"通证"奖励,反之使用相关数据则会对"通证"进行消耗,这样就能产生全新数据应用生态环节。

通证经济学派的核心理念,就是将"通证"内涵进行扩大,使之不再局限于数字代币以及令牌,此外还涉及投票、参与、使用权等，可以定义成"可流通的数字凭证"。

同样在数字资产中，也适用于将内涵扩大化。数字资产成功上链之后就会产生"通证"，由此构成相应的数字凭证，目前仅仅存在于相应区块链世界之中。它就像人类在生产、储蓄、交换、分配等各项活动中通行的证明，是一种身份、一种权利、一种价值的载体、一种关系的纽带，拥有了它就可开展各项活动，就可以使用、处理、分配一切物资。所谓通证经济，就是利用"通证"这个数字资产的金融属性，将标准与非标准的商品以及服务进行"通证"化映射，使之在对应区块链空间之中进行低，甚至是零成本的交易与切割，进而使得数字资产金融属性得到更充分的展现。

加密通证也是一种技术，亦即是实体向数字资产的映射，同时也是对数字资产内涵进行丰富的重要方式，可以有效拓展这种经济的维度与空间，进而为实现数字社会提供重要支撑。它可以为实物资产打造资产"通证"，这样这些资产进行交易时相应的成本就会显著下降，其中一些交易（如黄金、汽油等）甚至会比在当前市场上具有更好的流动性。许多海外经济专家普遍认为："通证"经济属于正处于崛起阶段的第三个经济体系，是和互联网有着平行关系且是新型形态的数字经济体系，从规模上来看其未来体量将会是当前互联网经济的数十倍。

5.5 区块链为信息自由公正赋能

在信息技术迅速发展的同时，人类社会脱离了传统层面的"书本"和"理论"知识，正式跨入知识经济时代。在知识经济时代，人类将新智慧与思想的结晶，融入到社会的方方面面，它的地位俨然已经超过传统土地、劳动、资本等诸多要素的地位，可以为经济发展提供重要动能。

在知识经济时代，知识基于"创意"转换成现金流的速度远远高于其他任何历史时期。从微观层面可以展现为知识快速变现，而宏观层面则可以展现出创新驱动加速以及综合国力提升。此前的互联网金融也是基于该背景而问世，其究竟是一种"金融范式"，还是"知识范式"，无疑还存在着相应的争议，然而在当前知识经济框架之下，这种分歧显然并不重要，关键是它可以为我们展现基于密集技术的金融创新以及实体经济和金融经济的有效融合方式。而作为区块链技术的上层建筑——"区块链金融"——也是互联网金融深入发展的必经之路。也正是如此，互联网金融已经对传统金融业态与服务模式进行相应颠覆，其开放、平等与共享属性将会给所有用户带来更为新颖的体验。在传统金融领域中因信息不对称所带来的诸多金融交易难题，在互联网金融中都被一一克服。

然而互联网金融模式在突破传统以中介为核心的服务与垄断模式之后，又重新搭建了一系列新型"中心化"平台，譬如第三方支付平台"微信"、"支付宝"等。当前互联网金融的本质仍是在"弃旧革新"的循环中，将过去的老中介，转换成新中介，同时还赋予了相应的"平等"、"共享"、"开放"等属性。

如今我们已经知晓，技术的进步必然会推动新的资产的发现：在远古时期"石斧"价值往往会超过一大片沃土；在工业革命的早期，铁矿、煤炭等逐渐成为重要的资产。而现如今伴随着互联网、大数据、人工智能等进步，数字资产的价值也逐渐浮出水面。

1946年，联合国第一次大会就曾宣布"信息自由是一项基本人权，也是联合国追求的所有自由的基石"。而当今区块链技术的出现，则使得信息正式跨入到自由公正时代。同时人类信用也实现了极大的进化过程，从最原始的血亲信用，进一步发展到贵金属、央行纸币等信用，而现在已经迈进了区块链信用阶段。

区块链不断发展，让通过协议、代码以及规则构建形成的信任机制，彻底从过去人格的信任关系中脱离出来，完成价值的传导和变换。以区块链技术作为基础构建的信任机制，是在网络主题信任机制之后诞生的最具创新性的制度设计。其需要处理的关键问题在于网络主体信息主导权再分配，以及更有效地解决信息不对称问题。区块链技术最突出的特点是借助"分布式信任"，让技术的强大优势得以充分发挥，让网络空间更有效、更安全。依托区块链的大数据应用和对信用系统实施结构化调整，有效地减少了信任建立的成本，推动快节奏数字经济时代进一步跨入到区块链信用时代，并为信息的自由公正赋能。

5.6 数字资产的管理，新趋势下的新业态

技术对经济发展有着较高的驱动力，也正是技术革命的持续深入推动，使经济完成飞跃式发展。现在国际经济正处在数字经济阶段，将AI、区块链、大数据作为核心的新技术在现实中获得深入的应用，这明显优化了经济增长的效益和效率，同时逐渐演变成阶段性竞争力的关键。

数字资产在数字化经济推进的过程中扮演了重要的角色，后者水平越高，前者的体量也会越大，对于数字资产的管理与经营也是后者的重要内容组成，是促进数字经济

发展的关键。虽然数字资产本身属于典型的新兴事物，以往的理论并未对其展开有关阐述，并且在现实践行过程中也缺乏可借鉴的成功经验，但是它所蕴藏的巨大社会价值却毋庸置疑。

数字资产拥有非常多的特性，当中最为突出的要属无实物状态，能够反复运用，应归属技术领域的产品，能够长时间保存，但在实际生产期间无法直观地看到。数字资产根据标的的差别拥有截然不同的类型划分方式。数字资产能够高效地应用区块链当中的智能合约来完成交易，与别的类型资产的交易风险管理相对比，其展现出更强的风险控制的优越性。

数字资产系统应当反映出数据与资产管理的特点。第一，数字资产管理系统是管理数字资产所涉及的全部环节与内容，具体涉及数字资产的产生、利用、存储不同环节，对数字资产必须具备永久存储的功能；第二，数字资产管理与公司管理之间有相同性，数字资产管理战略是系统性地建设一个中心来设置具体任务与路径，将公司数据转化为数字资产，这中间又具体涉及管理计划、技术规范等多方面内容。

当前数字资产经营与管理依然处在初期应用层次，很多企业的数字资产的规模和体量尚未达到某种高度。因此大量的数字资产欠缺适宜的识别与处理系统，运营管理人员无法直观地获悉这些数字资产中哪些属于有价值的部分，哪些属于没有价值的；再者，由于并未重视数字资产，因此缺乏经营思想，造成数字资产存在非常严重的浪费问题。

如今我国数字经济发展在国际上处于上游，很多行业和企业都在积极进行数字化转换，由此在竞争激烈的经济环境中取得相应的核心竞争力。在数字化转换过程中，不同行业与企业由于更关注于数字化技术，而忽略了对数字资产的运营管理，由此带来很大的数字资产浪费问题。

公司能够经营数字资产来推动优化自身管理能力。主要可利用数据资源整合、开发数据本身的价值，专门针对数据资产构建管理系统，助推公司管理系统的革旧图新。诸如借助数字资产的价值挖掘、整合交易等途径提升资产价值，同时主动助推公司对数据资产实行集中式管理，对数据加以处理研究，由此来提炼出有助于公司管理的数据，利用对数据实行管控化管理，为公司运营提供服务。

对于数字资产的管理路径，企业应该遵循以下几步：

首先，把数字资产的运营和管理纳入企业战略规划和目标之中，并将其视为战略目标实现手段。

一、要列出具体的数字资产管理的质量以及数量等要求；

二、应当确定数字资产管理的运营目标与详细的实行方法与流程；

三、应当拥有完成数字资产管理运营目标的制度与保障资源；

四、企业要把数字资产的运营管理纳入其他战略的子目标中，并且将其与具体的考评指标关联起来。

其次，确定经营数字资产的理念与有关机制的建立。数字资产也属于资产的一种类型，因而企业应当依循资产的经营要求，将数字资产的特性与管理运营联系在一起。在树立数字资产品牌理念的基础上，各企业均拥有自己的数字资产。

最后，强化数字资产管理体系的设计。因为数字资产现如今在管理方法上尚没有可依据的理论和实践经验，目前而言，其仅仅是一种摸索，企业需要构建非常完善的本地资产管理体系。可以围绕以下几个方面开展：

一、科学制定数字资产的类别以及品质要求，同时将这些要求在基层数据单元中进行反映；

二、应当针对庞大的数据构建对应的处理系统，梳理数据，获得与管理任务和目标相符的有价值的数据资源；

三、针对数字资产的定价、评估以及核算等系统进行建模，开发出能够买卖的数字产品；

四、针对数字资产价值的价格浮动区间大的特点，应当针对数字资产风险构建完善的评估系统。

综上所述,关注数字资产的管理和经营,是企业实现革新发展的要求,更是企业实现数字化经济的必经之路,因而形成的数字资产革新必将引领企业在运营上有所突破,在管理上摸索到全新的方法,同时在盈利上完成新的增长极,可以说,企业管理和运营数字资产的进程直接影响到其竞争实力的提升速度。

第六章 交易革新——区块链构建数字经济的交通枢纽

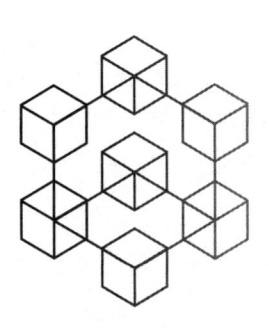

6.1 来自世界另一端的"诗"和"远方"的需求

随着西方国家资本主义时代的到来，人类正式跨入工业文明时代，随后经历的四次工业革命，使得人类取得了辉煌的发展。这四次工业革命归纳起来为：蒸汽革命、电气革命、电子信息革命、因特网革命。每一次的革命都使得人类的生产力得到"阶跃式"进步。

第四次工业革命——因特网的发展，极大地改变了我们的生活。在全球首台计算机问世之时，当时只能支持数千次的运算。在首次网络连接成功之后，其仅仅应用于学术界的研究，最初只能支持美国国防部内部少量计算机联网。1991年6月，接入因特网的商业用户数量第一次超过学术界接入数，这为因特网日后被商业应用奠定了基础，随即因特网开始进入到迅速发展与普及阶段，对人们生活的影响也开始日益加深。

近些年因特网迅速发展，与物理科学进行了深入耦合，对当前的社会生活、生产、决策等产生了极大的影响，使"现实—虚拟"空间实现了高度的耦合，由此构成了具有平行性的社会空间。在我国引入了"互联网+"等国家战略之际，对我国经济的转型升级起到了很大的促进作用。

在因特网环境中，用户之间的相互影响遵循"以人为本"原则，也正是基于该原则推动信息的交互，并为相关信息提供对应超链接以及相关的浏览路径。因特网诞生之后取得了辉煌的发展成就，它所提供的服务功能也日益丰富，从原来的为不同种类网络技术给予很好支持，到如今能够支持分布式应用，而且随着因特网应用的推广，民众对其需求也日益增加，远超过最初的设计目的。

如今因特网技术持续发展，人们可以借助于TCP/IP和HTTP等协议就能实现信息交互。目前的互联网产品全都遵循"端到端"原则设计，是以主机互联和资源共享为设计目标而实现的，并且由许多目标与策略迥异的互联网服务提供商共同创建和维护。若想升级互联网体系结构，需要得到他们全体的一致同意，因此几乎不可能在互联网上部署全新的网络结构和协议。

此外，在因特网功能日益丰富的背景下，已有的体系结构已然对其发展产生了其他制约性。具体体现在：

第一，数据民主的讨论。戴明，这位知名的管理学家认为，除了上帝，所有人必须以数据说话。可是在因特网环境中，政府机关、大公司等将成为数据掌握者，于是这些"少数派"就掌握了话语权，为此，安全、公平公正、权威性就很难得到保障。

从信用基础角度来分析，中心化系统有许多"多元性"和"不确定"性。在因特网环境中容易出现垄断公司失信行为，进而对他人权益带来侵害。而作为互联网平行世界的区块链系统，它的核心就是去中心化的数据结构与交互机制，为分布式系统提供很好支持，这样就能为平行社会打下良好的信用与数据基础。与此同时，区块链在存储数据方面使用了分布式冗余存储模式，使数据能被"全体用户"所掌握，从本质上实现"数据民主"。区块链技术的核心理念为：不依赖中心化机构，将系统行为通过代码形式编成智能合约，写入相应区块链数据中，可以自动执行的同时又满足不能篡改和伪造的目的。

第二，人类已迈入了体验经济时代，其对互联网产品的灵魂和核心需求同样是体验感。生活不应执着于当下，还有未来的美好。科技发展亦是如此，首先对"当前的自己"进行执着的反思，随后就能对未来的"诗性"进行发现，人们也因此产生美好的憧憬，最后就能达到相应的"远方之境"。未来科技给我们描绘的前景令人神往，可以预见，随着科技的不断进步，理想的彼岸必将能够达到。

区块链技术问世之初让人陌生，然而随着人们对这项技术的深入了解，其逐渐成为金融领域最受瞩目的话题，也开始得到越来越多的人们的关注，同时也成为时下最热门的领域之一。当互联网世界已经能满足人们眼前的"苟且"，适应日益加快的交易节奏，解决交易过程中高并发、高效等问题的时候，人们逐渐开始追逐起"诗"和"远方"，来自世界另一端远方的需求——交易的隐私和自由性。

赫伯特·西蒙曾经提出"设计科学"概念，并认为人造物实际上是独立于科学与技术之外的一种知识体系，对整个世界的发展规律进行了深入研究。科学与技术，分别研究的是世界规律与改变世界之法，也就是要分别做到"是什么"、"能怎样"。而设计科学则是包含科学与技术，同时将人与物关系作为核心来进行研究，这一种典型有关"人和物"关系研究的学科，也成为科技与人文社会两大研究领域的纽带。设计科学结合当前人类所面临复杂任务与环境，提出应该如何去创造，并借助于相应的科技来进行更好设计。

那么来自世界另一端"诗"和"远方"的交易需求的设计科学，应该"是什么"，"能如何"，然后"怎么样"呢？

首先，它应该"是什么"？

传统资产对实体凭据有严重依赖性，相关资产流通的时候需要通过细致的防伪工作来完成当面的"物体交换"，并且这个过程通常伴有风险。

在因特网技术迅速发展之下，越来越多的资产实现了数字化转换，实际上从理论层面来看，各种可实现标准数字化转换的实体资产，都能够最终转换成数字资产，譬如数字货币、数字积分等。这种方式让这些数字资产在使用的时候变得更为简单。但这些数字资产在发行的过程中基本处于闭环状态，需要借助中心化系统才能完成，当前缺乏统一的接口，这样就使得这些资产很难实现跨机构的流通。另外，传统数字资产都统一存储至公司或者组织的数据库中，数据容易被篡改，使得数字资产易流失。

而这种状况在十年前比特币设计者中本聪发表了重要论文《比特币：一种点对点电子现金系统》后得到了改变。中本聪所发布的比特币系统，其中涉及的区块链技术，就是一种典型的去中心化、可追溯与可信任技术，得到业内广泛关注。这种账本具有共同维护、可信任属性，使之能够应用于多方协作分布式系统之中，这样参与方即使没有基本的信任，也能实现价值的传递。

所以来自世界另一端"诗"和"远方"的交易需求的设计科学应该是将区块链作为基础的去中心化资产交易系统，无论个体或者节点，都能在此系统中发行与管理相应的数字资产。

其次，它又"能如何"呢？

这个基于区块链系统的数字资产交易系统将利用区块

链的分布式账本、共识机制等代码层面的规则，使得相关参与方不需要相互信任也能够进行相应数字资产的交易。这些交易可以基于智能合约所设置的规则来进行处理，对应的账本也能够做到实时同步，在交易层面上也能实现实时对账。相关的交易数据有可追溯性且不能被更改，防范交易中的任意一方进行舞弊。

区块链技术能减少规则执行的摩擦力，这是一种理想法治社会的数字化尝试，其特殊的分布式架构用来增加了自组织场景下每个用户的违规成本，以此来变相提高系统的监管和平衡能力。单以智能合约为例，其本质是数字化自治的体现，通过用一组自动执行的代码程序保证了契约的自动履行，而合约的缔结与履行仍隶属于传统中心化机构所构建的法律秩序的框架内。

最后，它又应该"怎么样"实现呢？

从广义层面上，区块链技术的核心特点就是将数据转换成块链式结构，利用分布式节点共识算法来对数据进行更新与生成，然后进行存储和验证，同时还引入了密码学技术对数据传输与访问安全进行保证，借助于相应的智能合约来进行编程与操作数据，它是一种典型分布式基础架构，也是相应的计算范式。

因此，以区块链技术为基础所设计的数字资产交易系统，应该是一种分布式交易系统。主要能实现数字资产在区块链系统上管理及在链上完成数字资产转换和自由流通功能。由于交易仅支持在同一个DEX上实现，因此交易过程需要迁移数字资产到相应的DEX的链上才能完成。当数字资产在DEX链上完成映射、迁移的时候，即可自由开启在分布式交易所中的交易。

6.2 分布式交易系统与传统交易所的对比

区块链作为一种新兴的信息与价值交互模式的电子支付系统，不再需要信用中介支持，借助于去中心化记账模式可以对分布式账本进行创建，最终实现"点对点"端的价值转移。区块链技术可以基于新的协议使数字资产进行安全转移，能够在未来支持相应信息价值的交换与交互。正如上文提到，为满足来自世界另一端的"诗"和"远方"的需求，需要将区块链技术与数字资产交易相融合，最关键的技术就是要有能够支持数字资产交易进行自由交换的分布式交易系统。

有"互联网平行世界"之称的区块链技术，以交易和认证为核心特征，其各节点间的共识为去中心化的交易模式提供了天然的基础，而信息交互的特征又为分布式交易提供了保证。

我们可以设想，在未来，分布式交易与区块链技术相结合之后的分布式交易系统可能会与传统的交易所系统有以下区别：

首先，区块链与数字资产交易结合的方式可以为这种分布式交易带来天然的信任，迸发出全新的交易灵感，创造新的商业模式，提升交易安全，使整个链上数字资产交易的过程以及数字资产交易的生态更具有高效性与安全性。数字资产交易也是区块链的一个经典应用场景，在此背景下的交易物可以是不同类型的数字资产，譬如"书籍""绘画作品""版权""游戏道具"等。这类资产在转化为数字资产后，再进行资产上链，然后在相应的分布式交易平台中直接进行交易，使得相关交易具有公平、透明、可追溯等属性，同时还能简化交易事务中的流程，提升交易效率。

其次，未来的区块链能颠覆许多来自中心化交易所的制度和规则。以往在中心化交易的应用场景下，不同用户之间无法产生信任，因此他们之间的交易只能基于平台来撮合完成，用户先将相应的交易信息传递至交易中心，并在此中心完成相应的资产交易，获得相对应的"积分"（资产），用中心化平台上的"积分"去锚定相应的实际数字资产。

此"积分制"中心化交易系统中暴露了中心化交易方式的弊端：

1. 中心化交易所的数据库一般采用 Oracle 等关系型数据库。尽管当遇到计算机系统故障，如网络故障等原因造成数据丢失，该数据库系统可以使用恢复技术保证数据的完整性，但当遇到黑客恶意攻击，篡改数据内容，传统数据库系统就无能为力了。

2. 中心化交易所的交易规则，对其中存储的数据仅仅给予简单加密，而且在传输过程中因为没有配置签名机制，为此数据传输过程的安全性就会大打折扣。

3. 中心化交易系统看起来是由可信"中心机构"来对交易进行管理，可是在此过程中人为的疏忽，甚至是故意的攻击，必然会对参与主体的利益带来不利影响。用户是否遭受损失主要依靠交易中心的诚信程度。

鉴于中心化交易所存在的以上弊端，人们开始寻找新的数字化转型的方案，其中一个设想就是关于区块链技术的新型分布式数字资产交换方法。

传统市场在进行交易时都采用集中化模式，因此这些交易系统往往有这些特征：交易双方需要将相关数据传递至中央处理系统，然后在同一个系统中对交易进行撮合和优化匹配。然而如今数字资产种类日益丰富，有着相较于之前传统市场中更多的资产数量，并且在此后的市场中，其交易体量和信息数据的体量都急剧增加，使得之前的集中化撮合模式所带来的交易运行成本也显著增加，交易所耗用的时间也会明显增加，同时还面临着遭遇中心化交易系统"黑箱"和黑客攻击风险，无法保障交易的安全性及交易主体的隐私性。

再者，相较于中心化交易所，分布式交易系统其主要特征就是由于区块链具有去中心化、多备份账本和安全可靠性等重要特征。

1. 无需信任的信任

采用分布式存储和集体维护，区块链系统中不需要存在一个"信任"的第三方机构，系统内的节点具有相等的权利和义务，并且交易信息存储由整个系统中所有验证节点集体存储及维护。

2. 多备份账本

在整个区块链系统中，所有节点会对系统进行维护，并在所有节点上会备份数据账本，这样即使其中某个节点出现了问题，依然能够保持系统可靠性。

3. 安全可靠性

区块链技术采用加密技术对交易数据进行签名，保证信息不被伪造。例如，比特币系统的区块链技术使用的椭圆曲线 secp256k1 技术对交易进行签名验证，使得交易过程不能被伪造。区块链技术主要是借助于哈希函数来确保交易数据不会遭受篡改，这种函数又可以称作散列函数，也就是将任意长度消息压缩到某一固定长度，对应的输出即为散列值。由于不同的输入可能会散列成相同的输出，所以难以从散列值来定输入值。哈希函数的此种属性尤其适用于区块链数据的存储，最后区块链利用共识算法来保持相关数据的一致性，抵御攻击。

区块链就是将记录的交易数据区块基于时间顺序进行相连，由此组合而成的链式结构，它的本质属于分布式数据库，而且在非对称加密、默克尔树等技术支持下，可以确保信息安全，进而确保数据的安全性。区块链技术凭借着较高可靠性、分散、匿名等优势，与数字资产的交易诉求相契合：提升交易效益，保障交易主体安全性。

所以我们可以提前感知，如果将分布式交易系统用在数字资产的数字化转型上，在共享、对等、公开等层面都将具有很高的契合性，为此将它们进行融合，其优势包括：

第一，有着较低的交易成本。在区块链技术特征之下可以使得所有节点不需要进行信任就能成功完成交易，可以使得交易数据具有安全可靠属性，为此信用与管理成本会显著减小。

第二，交易形式具有多元性。区块链为交易事物提供更为可信的交易数据存储与交易事物广播平台，使得参与到此平台中的用户进行点与点交易。

第三，能够交易的资产种类具有多元性。区块链系统上的数据可以被追溯并且将完备的信息记录在区块链上，使交易主体间可获得所有数字资产的信息。如上文所说，数字资产的交易类型可以是一幅画、一本书、一个版权，甚至一个游戏道具，让交易主体拥有更多的能源选择。

在此背景之下，分布式交易的模式能同时准入较多的参与主体，且种类丰富、交易范围极广，因此逐渐成为一种新趋势。区块链的分布式记账系统，凭借数学原理和共识机制去对交易环节的相关所有权问题进行解决，能有效消除交易的信息非对称问题、难以相互信任等问题，这些优点也逐渐使区块链技术应用在分布式交易系统中成为重要趋势。当前，我国在区块链领域的研究和探索方兴未艾，因此全面总结分布式交易的模式和场景，对于推动分布式交易的发展有重要意义。

6.3 分布式交易重构链上资产多元主体关系

在未来，数字资产在不同的区块链系统上进行流转可能会逐渐趋于成熟，设想在数字资产交易环节，在设计中需要做哪些改变，又如何进行跨链数字资产交换呢？也许可以将交易过程细分成"注册""信息发布""撮合""存储"等诸多阶段。

一、注册阶段：该环节需要借助于用户客户端来完成公私钥和用户地址的生成，同时将公钥和地址进行编码，由此就能形成相应的用户ID，相应区块链系统会调用智能合约注册接口来对用户注册请求进行处理，同时区块链系统在获取相应用户注册信息之后就能进行相应校验，并传递数据至相应区块链之中，然后广播至不同区块链节点，在达成共识之后完成记账。

二、跨链充值：此前的分布式交易所多依赖特定主网去完成交易过程。那么在未来，分布式交易系统或许可以在独立且不同的区块链系统上进行，或采用中继器来做跨区块链系统交易，不同格式的资产之间的兑换都需涉及跨链充值，其本质是不同区块链之间链上数字资产的交换。比如A系统中有"一幅画"，如果在以前的条件下，它想和B系统中的"一本书"进行直接交易，这是不可能完成的；但是在未来，A系统中的"一幅画"却能和B系统中的"一本书"进行直接交易。

为了解决数字资产兑换的问题，在设计中需要一种建立起数字资产汇率表，包括不同通证间的数字资产汇率和可交易的数字资产数量。该数据表由接收数字资产、发起数字资产的区块链系统共同创建，在对锚定兑换比例创设后，不同跨链资产间即可进行数字资产交易。未来，还可以将跨链数字资产汇率表以工具形式封装，以此达到操作简单、无中间环节，且易于任何项目方使用对接，用户可以通过这个跨链交易工具实现不同主链上数字资产的兑换，也可一键实现其他数字资产兑换功能。

实际跨链兑换过程中，当用户查尔斯在A和B两条不同的主链上拥有对应格式的两种数字资产，分别为数字资产a和数字资产b。某天，查尔斯基于流通需求，想要将数字资产a兑换成数字资产b，就需要通过这种"工具"，查尔斯将a格式的数字资产打到目标区块链C的指定地址，此"工具"读到这个信息后，按照事先写好的合约程序，自动把对应数量的数字资产b打到另一条目标主链C的指定地址。在此过程中需要查尔斯能将原始A主链上的数字资产a冻结，并顺利在目标主链C上获得等额的数字资产b。这种"工具"通过内置的自动化程序共同实现一键兑换的功能，一旦这两个过程出现问题，通证系统或者用户资产都会受到影响。

三、信息发布及撮合阶段：需要交易数字资产的用户在应用层传递出交易意向之后，即可在此阶段实现交易双方匹配。

四、信息传递阶段：信息传送到区块链系统环节，通过基于应用框架及区块链标准开发的区块链客端（可以是Mist浏览器、MetaMask钱包及专门的客户端）向链上写入上阶段可以得到的相应数据信息，其中就涉及价格、撮合匹配等初始交易事物信息。

五、数字资产结算阶段：分布式交易系统在获取到交易双方信息之后，就会对交易加以结算，进而使得相应资产流向卖方，在此环节涉及智能合约等技术。

六、信息存储阶段：对交易内容、交易事物进行记录，并为后续交易提供参考依据。通过区块链技术存储相应交易信息时，既能确保信息具有可靠性，又能确保相关信息不会被篡改。

6.3.1 未来分布式交易系统的分类

在分布式交易系统中，用户的数字资产始终处于链上托管状态，从而消除了一直困扰中心化交易所的安全问题。这意味着用户的资产完全由用户掌控，并且更加安全。这种来自未来的交易雏形提供了更好的隐私性、透明性和抗审查性，并允许使用原子交换等技术进行无限制的交易对交易。借助原子交换技术，用户可以在任何两个已被列出的数字资产之间进行跨链交换。

当分布式交易系统的时代被构建出来的时候，人类社会就步入了自己完全拥有数字资产的时代。此时所有的资产将不再是中心化交易所对用户的"liability",而真正成为个人的"assets",不再需要通过信任的实体去保存、托管资产,区块链能重构数字资产所有权关系,全方面实现数字世界中乌托邦思想的地方。

在海外市场,目前有部分基于区块链技术的分布式交易系统的雏形,但是这些分布式交易系统所涉猎的都是关于数字货币的交易,并没有更完善的数字资产交易的进一步方案。

2021年10月,随着《关于进一步防范和处置虚拟货币交易炒作风险的通知》下发,我国相关部门已在着手开始对虚拟货币交易所等相关情况进行研究,预计会适时出台相关司法解释,因此本书并不推荐和提倡任何基于数字货币交易的系统模型。如果要聆听来自世界另一端"诗"和"远方"的交易需求,去具体实现数字资产的区块链式转型,那么这些海外社区开发的分布式交易系统仅仅作为分布式交易的一种参考,把"数字货币"类比"数字资产",其未来迭代版本必须以未来数字资产市场转型为导向,在我国法律法规框架下,才能迎合未来用户基于数字资产交易的需求。

为了先人一步"一窥究竟",我们不妨先看看当前海外社区所常见的分布式交易系统是如何运作的。

6.3.2 0x 交易所——最早的分布式交易雏形

0x 协议并不是交易平台，而是一种基于以太坊的混合分布式交易开源协议。按照最初 0x 协议的自我介绍，"一个可以使数字资产在以太坊的对等网络上进行交流的开放协议"。它由 Solidity 语言构建，用于分布式的交易。该协议是由以太坊智能合约创建的，任何人可以通过这个协议来开创去中心化交易所。0x 背后的团队坚信由于在未来以太坊上会涌现出成千上万的交易需求，因此 0x 能有效地为这些代币在以太坊上提供金融服务以及交换它们，为分布式交易系统的构建提供了一个最简单的方式。

根据程序大本营中的关于 0x 协议的资料介绍，0x 想建立一个交易的世界，目的就是为基于以太坊上丰富的令牌提供点对点交互支持，推动包含交换功能的 DAPP 之间的互操作性。0x 协议在执行过程中具有以下特点：

● 从升维的角度看，0x 协议是部署在以太坊区块链上的智能合约的集合，这些合约指定了交易格式和交易执行流程，从而进行规模化的数字资产去中心化交易。

● 在订单撮合过程中，0x 协议依赖于中继器模型。中继器（Relayer）——一个将撮合订单簿托管在集中式数据库中并匹配两个交易者之间的订单的过程。用户使用中继器GUI创建订单，然后转到Relayer的订单簿（集中式数据库）。Relayer可以将此共享给其他中继器，并且匹配该请求，以便更多交易者可以看到该订单。Relayer可以理解为任何实现了0x协议和提供了链下订单簿服务的做市商、交易所、DAPP等等。中继器的订单簿技术实现可以是中心化的也可以是非中心化的。

● 随后发送到0x智能合约上来完成该订单，0x智能合约现在可以验证订单并完成链上令牌的转移。

● 在此协议中，订单可以借助于其中相关介质，并在链外进行传输，而结算则需要在链上完成，这样交易成本就会降低，并能降低区块链网络拥挤程度。

0x协议是使用最广泛的分布式交易协议之一。任意项目均可以建立在0x协议之上，而Relayer又从成交交易中收取手续费获利，交易具体操作流程如下：

1. Relayer设置自身的交易服务费用规则，并对外提供订单簿服务。

2. 卖方选定一个Relayer进行挂单创建和填充必要的订单、手续费信息，并用私钥签名。

3. 买方将签名后的订单提交给Relayer。

4. Relayer对订单做必要的检查，并将其更新到自身的订单簿。

5. 买方监看到订单簿的更新，并选中成交订单。

6.买方对选中的订单进行填充,并广播至区块链完成最后的成交。

0x协议的运作流程更接近分布式交易系统,中心化交易的特点是交易速度快,但是容易受到黑客攻击;而现存的分布式交易虽然相对安全,但是存在交易速度慢、交易费用过高等缺陷。在这样的背景下,0x协议应运而生。为解决分布式交易的种种不足,0x协议通过"链下撮合,链上结算"的方法提高了交易速率,所有的对接交互都是脱链完成的;同时,0x协议作为一种开源协议,其自身不收取任何费用,收费方式由交易所的创建者决定,大大降低了交易费用。

从技术上看,0x协议具有链下处理订单,链上结算的优点:通过把交易订单在链下让中继者(Relayer)撮合处理,然后在区块链上进行结算确认。这样就能集两者的优势,在提升交易速度的同时,又能保证安全性。0x协议并不会自己维护一个账单,或者去处理实际的交易,而是交易所或中继者去做这部分的工作。Relayer维护一个订单池,来撮合卖家与买家的单子。所有基于0x协议的订单池都能被共享。协议本身的使用是不需要费用的,需要收取代币的是使用交易所的用户。

如果说0x是"协议即服务",对于未来的分布式交易系统而言,都几乎面临一个重要问题,即:如何将买家与卖家联系起来。

也许未来的基于数字资产交易的分布式系统可以试图通过中间人进行匹配脱链（例如0x协议）来解决此问题。但是这里存在一个极大的风险隐患，我们如何信任这个中间机构？比如虽然0x对接会是脱链完成的，任何人都可以通过维护未结交易来充当媒人。

也许未来的数字资产交易系统可以借鉴某些海外社区的分布式交易系统的方法，将交易过程完全在链上完成，分布式系统可以通过转换和交换，解决"即时交换，创建更快，更安全的交易"等一系列问题。

6.4 没有交易所的世界

自1609年阿姆斯特丹的全球第一家证券交易所诞生至今，四个世纪的兴衰，见证了交易所的交易形式、交易内容、交易对象的不断丰富、演变。交易所的发展史，不仅代表着新型金融平台的诞生与崛起，更代表着一部厚重的金融发展史。

从本质上来说，交易所代表的是一个交易的平台，在成立之初，目的是为交易活动提供固定的交易场所。正因如此，从物理的角度来说，交易所的发展经历了从有形到无形化发展的过程。在17世纪的阿姆斯特丹，股票交易是通过现实的中介人来进行的，从这一时期开始到之后的很长一段时间，交易所代表的都是一个现实世界的场所，以有形场所的形式来整合信息、促成交易。在这个过程中，中介人扮演了重要的角色，为促成交易，中介人需要多方面获取信息，并进行传递。委托、撮合、结算交收等一系列工作均由人工完成。

此后，科技的发展使得信息的获取更加多元化、虚拟化，中介人逐渐退出历史舞台，交易所也从一个有形化的场所逐渐演变为无形的平台化角色。这种以平台为中介的新型交易方式的诞生，极大地突破了时间与空间的限制，丰富了金融交易的内涵。

在某种程度上，交易所和一般意义上的集市有很多相似之处，交易所为证券、商品、金融期货、金融资产、产权等提供了交易平台，交易对象既可以是现货，也可以是期货。既可以是现实商品也可以是金融资产及创新型衍生品。因此，交易所的核心功能与本质是一个买卖双方的交易平台，它为交易双方提供了互通有无的渠道，将潜在的交易需求转化为实际的交易。

交易最初始于物物交换，在远古时代，最早的人类以物换物来获取生活必需品，后来人们在交易活动的过程中逐渐用统一的商品来充当货币的角色，例如最早的贝壳、金属等。货币的诞生使得交易更加灵活，人们可以获取的商品的种类也更加丰富，交易的进行更加高效，在初期只有满足双方需要的物品才能得以交换，货币的诞生使得交易匹配度更高。

如同货币的诞生，交易所从雏形到完善同样经历了曲折的发展历程。交易所本身是一个市场，最早交易市场是集市形式的场所，集市定点、定时，买卖双方进行面对面的两两交易，虽然在一定程度上解决了买卖双方信息不对称的问题，并解决了信任机制的问题，但是对于交易对象的搜寻、价格谈判的成本较高，且成交价格往往不是最优价格。交易所平台的诞生打破了这一局面，使得交易更加高效、透明，交易也更容易实现，交易迎来"多对多"的时代。因为对于早期证券交易而言，类似于集市，证券持有人也是进行"一对一"的面对面交易，且在17至18世纪的伦敦，交易甚至在咖啡馆进行，并没有特定的交易所。随着1602年第一家永久性股份公司，荷兰东印度公司的诞生，荷兰阿姆斯特尔河上的新桥也成立了第一家专门从事股票交易的市场，1609年成立阿姆斯特丹证券交易所，人们被允许自由地进入交易所进行股票买卖，股票才正式迎来"多对多"的交易时代，当然，直到1802年荷兰对岸的英国才在伦敦建成证券交易所大楼，结束了"咖啡屋交易"的历史。

交易所不同于一般市场，因为交易所本身不参与交易活动，仅仅为交易双方提供交易平台，且现实生活中仅有一部分交易是在交易所中进行。交易所交易产品的价格具有相对不确定性。交易所中的交易，本质是寻找市场出清价格，即投资者买进、卖出的均衡价格。交易双方在交易所中所进行的交易活动并不是随意进行的，交易所在满足市场机制下进行交易活动，同时又需遵守相关的法律规章制度，有序进行。交易所在满足交易功能的同时，提供了交易信息的交换平台，最大程度解决交易过程中交易信息不完全、信息不对称等问题，使得交易更加透明、高效。

中华人民共和国《证券交易所管理办法》第十一条中，明确规定了我国证券交易所的职能："提供证券交易的场所和设施；制定证券交易所的业务规则；接受上市申请、安排证券上市；组织、监督证券交易；对会员进行监管；对上市公司进行监管；设立证券登记结算机构；管理和公布市场信息；以及证监会许可的其他职能。"

以证券交易所为例，其他类型的交易所虽然交易内容、交易对象略有差异，但从本质上来说，交易所都为特定的交易活动提供了交易的场所和设施。虽然随着经济社会的不断进步，交易所逐渐虚拟化、网络化，但是交易所作为信息交换的平台，为交易的实现提供了最大的可能。同时，交易所的交易应符合国家的规章制度，并且交易所需制定相应的交易规则及交易制度，交易所为形成细分市场、统一交易，也可能采用多种交易规则。对于股票交易所而言，还需要接受上市申请、安排证券上市。对于其他交易所，尤其是新兴交易所，交易对象的规范化也是其职能之一。各个交易所还应维护交易秩序，保障交易参与者的利益，确保交易活动的正常进行。此外，交易所还需要实时公布交易信息以及创造连续性市场。作为促成交易的平台，交易所还需履行监管职能，确保交易有序进行，创造良好投资、交易环境。

交易所作为金融市场的重要组成部分，在地区经济发展中发挥着巨大的影响力。在区域经济发展中，资源配置不均等问题，制约着经济的平衡发展。交易所的交换、反馈、调节功能为各区域经济稳定、均衡发展提供了可能。对于企业来说，交易所能够最大程度地合理配置社会闲散资金，促使企业优化产业结构，实现规模化生产和经营，实现社会福利最大化。新兴交易所的不断涌现，也使得投资更加多元化，为企业注入了新的活力。交易所的诞生还极大地降低了交易成本。交易所作为信息整合平台，在提供可靠经济信息的同时，合理引流投资。对于投资者而言，投资者则可以通过在交易所建立投资组合来分散风险，在一定程度上实现个人财富的保值增值。当然，任何事物都有两面性。交易所为社会带来积极作用，也会带来一定的消极作用。交易所的投机性使得它不可避免地吸引了投机者为获得巨额财富而进行的扰乱市场的行为，例如操纵股市、内幕交易、违规操作等不正当交易，极大地损害了中、小投资者的利益，扩大了交易风险。

平台经济（Platform Economics）是一种基于数字技术，由数据驱动、平台支撑、网络协同的经济活动单元所构成的新经济系统，是基于数字平台的各种经济关系的总称。平台是一种虚拟或真实的交易场所，平台本身不生产产品，但可以促成双方或多方供求之间的交易，收取恰当的费用或赚取差价而获得收益。举例来说，操作系统平台、互联网站、购物中心、媒体广告都是平台经济的典型代表。进入21世纪以来，经济全球化的推动使得平台经济进一步渗透到各行各业，其中跨国公司的出现令平台经济迈入新的发展阶段。例如，苹果等一些大型跨国公司，将产业分布到世界各地，苹果美国总公司提供科研技术平台，印尼提供组装平台，印度提供芯片平台，一台苹果手机的诞生要靠各个平台联动合作。

交易所是标准化集中交易的场所，它为资本市场和商品市场提供交易平台，是一种典型的平台经济。交易所本身不生产产品，通过促成买卖双方对于股票、期货、大宗商品、产权等交易，收取相应的手续费而获得收益，因而交易所属于平台经济。

　　交易所面向买方与卖方市场，通过双边市场效应和平台集群效应，最大程度地整合资源，使得买卖双方高效、准确地获取所需交易信息，促成交易。信息是交易所中最重要的流通内容，它的广泛流动，极大地促进资源的快速流转，减少了流动成本，进一步提高整个社会的资源分配效率。交易所是从单一市场发展而来的，是市场的一种高级形式。交易所符合规模经济的特点，交易所运作的本质是交易信息的处理。知识要素的报酬是递增的，传播分发知识要素的边际成本为零。因而，交易规模扩大，交易处理的平均成本将不断下降并趋近于零。交易所运营过程中，固定成本较高，边际成本较低，因此丰富交易所产品种类可以使得固定投资成本被分散，降低单产品属性，形成范围经济。

　　平台经济的另一特性是网络外部性，它是指连接到一个网络的价值取决于已经连接到该网络的其他人的数量。交易所是具有网络外部性的典型代表。网络外部性代表着每个用户从使用某产品中得到的效用与用户的总数量正相关。当用户人数增多时，每个用户得到的效用就增高。随着网络用户数量的增长，用户总所得效用也将呈几何级数增长。当网络效应存在时，一种产品如果使用人数过少，则没有新用户会愿意使用该产品，但当产品的使用人数增多时，将会有更多的用户愿意使用该产品，引发正反馈。另外，网络外部性还具有较强的黏性，该黏性来源于较高的转换成本。例如，让用惯了ios系统的用户去改变习惯改用安卓系统，将涉及庞大的转换成本。交易所具有网络外部性的原因在于，交易所作为平台为买卖双方提供服务，促成交易，而且买卖双方任何一方数量越多，就越能吸引另一方数量的增长，其网络外部性特征就能充分显现，在交易所中参与交易的卖家和买家越多，交易所平台越有价值，这是因为买方和卖方有更多的选择、更多的可能性促成交易。交易的流动性越强，越有助于促成交易，买卖双方数量越是增长，流动性越好。

随着全球金融业务的迅速发展壮大，资产交易领域对于核心技术的需求也在不断增强。20世纪50年代以前，在传统的金融市场交易中，买卖双方通过叫价进行价格协商的方式最终达成一笔交易。整个过程主要依靠人来执行，交易以纸化方式进行，效率低下且成本高昂。随着金融市场的发展，证券种类和交易量的激增，自20世纪60、70年代开始，金融市场逐渐出现"纸上作业危机（Paperwork Crisis）"，纽约证券交易所当时甚至被迫在每周三暂停交易并缩短交易日的交易时间来限制交易业务的数量。

很显然，只有计算机才能满足金融市场如此大规模的交易。自此，全球金融市场掀起了一场"无纸化"和"电子化"革命，电子交易凭借速度快、成本低、不受时空限制的优势逐渐成为当前金融资产的主流交易方式。

经过长时间的发展，世界各地的交易所出现了很多电子交易系统，主要代表有美国道富的Currenex系统、中国香港的INET交易系统、ICAP公司的EBS spot Ai和伦敦的Life Connect期货交易系统等。由于数字资产本身就是以电子形式作为载体，因此天然适用于电子交易系统。但数字资产作为一种新型金融资产，与传统资产相比，对交易系统的性能要求也略有不同。

20世纪90年代以来，互联网技术的诞生与普及为交易所未来的发展方向提供了崭新的可能性。交易所从"一对一"到"多对多"，发展到现在的虚拟的平台化的信息分享处理系统，在未来科技发展的推动下还可能诞生更多新型的交易方式与交易技术。

在目前人们的日常生活中，谈及交易所，它不再是一个场所或者地点，人们心中对其的概念已经逐渐虚拟化，毕竟足不出户便可以通过交易所完成交易。由于智能手机的普及，完成交易所的交易甚至不需要打开电脑，交易随时随地都可完成。

各大券商还积极开发手机APP平台或外接第三方APP

平台来增加用户交易的便利性，如同花顺、大智慧等第三方平台，该平台与交易所与各大券商的信息互联，用户通过平台获取交易信息便捷、高效。网络空间是一个国际媒介，互联网可以被看作一个国际实体。网络的超国界性使得交易所具有了比从前更加广阔的扩展空间，即通过虚拟的技术实现更广泛的地理跨越，也就意味着交易所的受众群体进一步扩大，交易的匹配更容易实现。

如果有一天，你身边的一切都变成了一串字符、一串编码、一串数字，且它们被层层的验证包裹，你只能看到外在的加减或改变，你会不会觉得你离事物的本质好像更近了，却又更远了。

假设，分布式点对点技术在不考虑政治因素、技术瓶颈因素的前提下，发展到最极限的状态，那个时候，交易所是什么？金融交换中心又在交换什么？未来的交易所上"交易"的"东西"其本质又是什么？

其一，区块链数字资产并不仅仅是一个可以上涨或者下降的投资产品，而是一种应用类产品，每一种区块链资产代表的一种需求、一种事物、一种权利、一份价值，甚至代表我们的一段行为。比如，你一天的工作劳动成果，你所购买的房产，你所拥有的车辆。

其二，当身边的一切数字化的时候，智能合约会自动执行一些有价值的"数字"交换的过程，此时交易所已经由纯金融业务的中间商变成了一个纯粹的技术提供商，或者说"智能合约"的制作者和维护者。再进一步，"交易所"可以为平衡、合理的交换过程提供渠道。

从感知来说，我们会越来越感受不到中介机构、交易所的存在，比如现在的微信支付、支付宝支付时代，我们更多的感知是你与你消费的店家之间的交流过程，而甚少去在意，钱是如何通过支付宝的中心机构打款到对方的。与银行时代，双方都要去一次银行存取相比，我们对于支付宝在交易中的"中介"的感知已经开始减弱。因为从行为上来说，我们就只是与我们正对面的拿出二维码的人做了一个交互，就结束了整个交换行为。区块链技术作为底层技术，会作用于生活的方方面面，可能其背后的交易逻辑、交换方式都改变得天翻地覆，但你并没有什么感知，只是更方便了。

从实际情况来说，"交易"这一行为，借由区块链技术，由中心化的模式，又恢复到了"以物易物"时代的点对点模式，且是比原始社会的"点对点"更加高科技的"点对点"。通过系统的设计、智能合约的约定，精准地进行交换，让整个社会的资源消耗降到最低。在这种情况下，交易所的存在与否已经不重要了，甚至根本不需要交易所的存在。

第七章

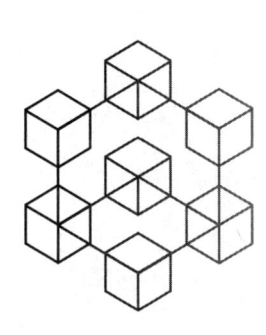

「区块链+」——数字化世界

自互联网时代兴起后，信息和资本流动的速度和广度已经完全超越了传统社会，商业活动均可围绕线上的"流动网格"展开，同时带来全新的挑战：一方面，以移动互联网为首的经济新形态无疑对传统经济形成了冲击；而另一方面，互联网中的商业空间内缺乏一个相对信任的空间——互不相识的交易双方无法有效解决互信的难题，在网络商业环境推进过程中因此而掣肘。

互联网时代已经实现了信息通过线上进行分享和传播，却无法实现信息通过互联网进行财富的转移与价值交换。区块链技术却从其出现开始就一直被誉为"信任制造机"，对网络空间的信任制造将是一个突破性创新。这种"信任制造机"的出现，突破了传统的互联网商业模式，逐渐迭代为以区块链系统为基础的价值互联网。这种点对点交易技术，摈弃了原有交易网络中的信任难题，并且解决了数字资产在价值互联网上交换与转移的难题。

新一代价值互联网——区块链的兴起也给市场和金融机构带来了许多新的业务，涌现出大量的以数字形式存储的数字资产。因此在解决价值互联网的交换、交易和转移等问题之前，首先需要解决关于这些数字资产的分类问题。

7.1 权益类

权益类数字资产指的是证券发行公司基于区块链发行的、具有可编程能力的智能股票、智能债券等权益类资产。

典型的权益类数字资产是 STO（Security Token Offering），STO 也就是证券化代币发行，其表示在明确的监督管理制度下，依循法律要求与规章制度，开展公开的通证发行。STO 可以是诸如公司的债权、黄金等特定的金融资产或者权益转化成链上的权益凭证，是真实世界中不同类型资产、服务以及权益的数字化。

STO 是美国纳斯达克正在研究的一种证券代币平台，以帮助企业发行代币并在区块链上进行交易 STO 的新型融资方式。STO 是指在证券法的监管框架下，将代币（Token）作为一种证券公开发行以募集资金。其支持者宣称 STO 将主动拥抱监管，遵循现行法律的规定，在法律的监管框架内开展活动。他们还主张，相较于传统借助金融机构的融资方式，STO 利用区块链技术，具有成本更低、流动性更强、协议层自动化管理、24 小时交易、交易单位灵活等优势。

海外STO的运作方式是通过区块链技术，公开向社会公众募集资金，以满足初创企业的融资需求，其发行的Token连接了投资者和融资者，代表了海外投资者和融资者之间的投资关系，投资者只要持有Token就能得到投资收益。因此，STO所发行的Token是一种证券，STO也就是区块链技术下的股权众筹。

区块链的开放性使得STO面临的总是不特定的投资者，STO必然属于公开发行，只有通过与传统IPO相同的申请核准程序之后才能合法开展。然而目前，我国法律尚未认可股权众筹制度，STO的支持者所宣称的合规性在我国也就无从谈起。我国证券法规定，在我国任何公开发行证券的行为都需要得到证券监管部门的核准。面向不特定对象发行证券或向特定对象发行证券累计超过200人的，均属公开发行。2017年9月4日，中国人民银行、中央网信办、工业和信息化部、工商总局、银监会、证监会、保监会联合发布了关于防范代币发行融资风险的公告，公告指出各金融机构和非银行支付机构不得开展与代币发行融资交易相关的业务。在现行和以往的法环境下，中国一直不具备STO合规落地的土壤。我们在此讨论的STO皆以美国为例，在特定环境特定监管框架下的以区块链为手段的融资方式，仅符合美国当地法规，并不适合中国发展。

海外STO拥有相对丰富的应用场景，能够把不同类型的资产进行代币化，同时让它们拥有流动性。诸如：私募股权融资能够把标的公司的股权进行代币化，以便源源不断地吸纳投资者进场，短期内实现资金筹措。从实际应用层面看，虽然STO引起了资产证券化行业的一系列改变，但是STO在应用领域还是应该满足拥有内在价值、迅速清算与自动合规、所有权能够持续分割以及资产拥有互通性等特点。

此外，权益类数字资产作为一种权益类投资，具有可长时间增长的资本利得。所以，权益核心资产拥有较高的资产扩张配置价值。权益类数字资产是优质资产"挖掘机"，可以通过权益类数字资产对产业融资成本进行显著降低。利用区块链完全可以打造对权益类资产的全链条信息共享进行促进，进而实现金融"可视化"。这样就能对资金流转效率进行提升，并能对行业优质资源进行科学利用。

其次，在区块链技术支持下可以使得监管具有穿透性。由于区块链存在着分布式账本技术，在具体业务环节，监管部门可以对区块链节点进行设置，并能对其进行检查，因为区块链拥有不可篡改、可追溯属性，其穿透式监管会更容易实现。

7.2 信托类

在信托行业中应用区块链技术，能帮助业务场景中的财产进行确权、交易和结算等创新，促进信托资产转型成为持续发展的行业。信托行业接纳区块链的态度，还可以更好促进普惠金融的持续发展。

区块链可以将信托业务领域所需要用到的所有核心信息加以存证，这些信息在存储至区块链之前需要对其进行哈希加密处理，然后在区块链上存储相应的摘要。此后只要将通过哈希加密处理后的结果与存储的摘要信息进行比对，就能对数据是否被篡改进行验证，进而对真伪来进行相应验证。

其中，文件材料首先通过转化为数字化的资产，随后将其写入区块链，数字资产并不直接存储在区块链上，而是借助于哈希加密处理，得到相应的摘要后，将其存储至区块链之上，进而形成相应的信托数字资产。在读取区块链所存储的原始信息后可以对它们进行对比分析，这样就能对相关重要数据进行审计核对。

在家族信托中，区块链又是如何发挥作用的呢？

假设国内某知名家族企业如今正在面临代际传承的考验，在家族决策人小贾分析权衡了利弊以后，最终决定从保险、基金和信托中选择信托来作为家族财富的传承和管理。那么首先，将家族成员中所有人的资料信息和家族的法律文件都上传到区块链上；其次将公司股权、票据、不动产、债券、名画、珠宝、豪车、古董等不同类型的财产均以区块链的形式整合为链上资产，至此，区块链技术已经完成了小贾家族中的财产管理和信息采集。

随后，小贾家族又可以依托于区块链技术，对此后的信托机构在管理小贾家族信托财产和事务管理的日常都了如指掌，甚至可以将使用情况进行存证。这样一来，信托公司对小贾家族的信托财产运作管理是否尽职尽责也一目了然。

7.3 债券类

金融市场是一个充斥着不确定性的市场，而公司债券则属于比较常用的一个金融工具，是发债公司与持有人间的债权债务关系的一种反映。当前，公司债券的形式主要有企业债、公司债和非金融企业债务融资工具三种。从本质上而言，上述三种债券形式均为基于公司商事信用向外界进行融资的一种工具，投资者的获得预期收益在很大程度上受公司在债券到期节点时的偿债能力的影响。而伴随着国内企业改革的进一步健全，可以对外发行这些债券的公司全都是公司制的企业。

在金融市场中，债券是一种比较常见的金融工具，其特征主要体现在：其一是证券性，其二是标准性，其三是财产性，其四是流通性，其五则是投资性。从本质上而言，债券是持有人享有公司债券的一种反映，而股票则是持有人能够享受到的上市公司运营情况和财产分配的权利。因此，债券持有人并不属于公司"内部"人员，他们不会参与公司日常的运营管理活动中，但是股东以及股票持有人，则是公司的"内部"人，他们会参与到公司的日常运营管理活动中。所以，两者是存在很大的差异的，他们在投资时所面临的风险也不一样。

以公司债券发行为例，目前公司债券发行通常会历经四大阶段，各个阶段还将牵涉不同流程。发行期间，在投资人的立场无法全方位了解风险的有关信息，而债券发行方却是掌握有关风险信息的一方，由于发行手续复杂、历时久，其间难以确保信息被全部完整地保存下来，这就造成信息存在不对等问题，极易导致欺诈问题的发生。

而区块链技术在融合债券发行以后，发行期间的所有信息、涉及债券发行方的初始和过程的信息均得到记录以增加透明度。然而，如果要实现高度透明性还需从技术层面拓宽信息源。区块链特有的链式结构，能确保数据随时随地地进行更新，并且由于区块链防止篡改的属性可以保持数据的真实性。譬如债券发行方的纳税、权属变更以及司法问题等方面的信息，如果会对投资人的决策有所影响，都应当在区块链当中展示出来。这确保了信息公开的完整性，不仅增强了公开度，还确保信息完整披露。所以在一切对投资人决策有所影响的信息出现时，信息均会在区块链中被记录且长时间储存。不仅如此，区块链技术独特的去中心化系统也削弱了信用评估机构、中介机构在发行期间的职能，进而间接削弱金融中介和投资人之间存在的固有利益矛盾，也削弱了中介机构的造假动机；而区块链技术特有的可溯源、防篡改性，又极大地提高中介机构的造假成本。显然，在区块链技术的支持下，金融机构依然承担有信息披露的责任，其在公司发债信息的披露方面依然发挥了一定程度的中介作用，而且区块链同金融中介作用之间有着互相补充的关系。

7.4 保险类

如今区块链在保险业也成功得以应用，并从运营管理、风险管控等诸多层面对保险公司商业模式带来显著影响。保险业在应用区块链技术时主要存在着以下几点：

一、区块链可以对保险欺骗行为进行快速识别，这样就能显著规避相应风险。在保险业中，"道德风险"是冲击保险业的首要问题，部分用户会通过利用信息不对称来铤而走险，从事欺诈和骗保活动。

而若开发一个多方主体参与的区块链应用平台，保险公司可以通过区块链存储用户的信息和事物，通过验证和记录来进行精准的理赔与审核，同时还将可能出现的"骗保行为"的风险降到最低。

二、合理利用区块链技术可以显著提高理赔效率。原先保险公司在接收到用户报案后需要经过整个立案审查阶段，再到最终的结案与归档，其整个审批理赔过程较长。其瓶颈主要体现在采集理赔所需的信息较为困难，其间有大量的数据需要被手工录入，而且还需要多部门的协调合作，整个过程颇为繁琐。

而利用区块链可以对理赔凭证进行自动生成，然后在区块链中进行存储、传送与应用。由于区块链具有不可篡改和可溯源的属性，这样理赔凭证也被赋予了不可篡改的有效的属性。保险公司在核对相关信息时就会变得十分简单，不需要继续进行大量核查，整个理赔过程被简化。

三、通过运用智能合约，能提升保险合同的公开透明性，同时使得理赔流程变得更加简化，只要满足条件，就能自动触发相应赔款流程，同时也不需要进行人工参与，保险公司运营成本会显著节约，同时处理效率也能得到提升，用户的体验也会变得更为优质。

在区块链应用的诸多领域中，除了银行业以外，这种新技术对保险业务所进行的颠覆性创新最多，应用范围也最广：

在其智能合约的基础上，区块链技术能在身份辨识、支付、数据录入、验证等层面都得到较为广泛的运用；

而在未来，区块链可以进一步结合当前保险行业痛点来对投保人的身份、资产证明等进行验证，此外还能对连续投保人的信息进行精准共享，并对保险价格与理赔进行精准核定，引入智能合约可以显著降低行业人力成本，同时还能对赔付效率进行提升；

此外区块链技术可以显著减少保险中的骗保行为，并能对承保的可保性范围进行扩大，对中介方与保险单位的委托代理关系加以优化；

最后保险公司还能通过区块链结合相关大数据等技术来创建更多应用场景等，由此来激发用户产生更多的保险需求。

7.5 票据类

票据属于金融类非标准债券化资产之一，其作为现如今金融市场中最常见的工具之一，在融资、结算等方面有很大优势。以往票据在安全性、真实性等方面有着一系列问题，所以在没有办法对票据业务实现高效的监督管理的状况下，极易成为避开监督管理、实现套利的工具。

伴随网络信息与区块链技术不断进步，票据市场由于参与者体量、市场规模以及业务链条的固有属性，被看作是极其耦合区块链技术的一个应用场景；而区块链中的分类账、时间戳等技术又是确保票据系统实现有效、安全运转的关键技术，避免一票多卖、审核难度大以及背书不连续等诸多问题。

票据类数字资产的以下特性使其可以在区块链技术结合下得到很好的应用：

第一，区块链技术的特点与票据资产的属性进行完美结合。按照当前票据法，拥有票据的主体可以对票据拥有行使权，持票主体有权对票据进行转让，或者对票据内所明确的相关权力进行执行。从法律的角度看，票据含有多种权利凭证，高价值的属性使得它对防伪与防篡改方面有着较高要求。

第二，票据资产的交易属性也可以在区块链技术上得到更好的融合。作为典型的非标金融资产，票据拥有相应的清算、支付与交易等属性，由于交易条件较为复杂，在市场交易过程中很难实现集中撮合机制，需要引入相应的中介方，从而为市场提供差异性服务。目前市场上的中介方的服务能力相差很大，也存在经过伪造业务合同等方式而进入市场的极高风险的票据在银行体系中流转的现象，使票据市场的交易产生较大风险，亟须利用新技术使得诸多参与主体实现信息对称。区块链的智能合约可以触发票据的"无条件自动实行"属性，形成能够在区块链上被强制且自动执行的智能合约，有效降低交易风险和司法救济的成本。

数字票据资产结合区块链技术后具有以下优点：

首先是信息对称性，区块链技术的优势明显，在信息不对等问题的应对上有着显著的成果，依靠分布式记账方法将信息传输到区块链中，实现信息共享，所以借助分布式记账是解决信息不对等问题最好的手段。一般参与主体将对全部交易信息进行输入，同时对其加以验证与保管。区块链技术的应用是非常有效的一种途径，保证数据的完整性，且在存储过程中不会丢失，通过公钥和私钥的签证与加密，为更新票据交易数据提供很大的便利。

其次是连续背书的可靠性。票据在交易期间一直会伴随有不同的风险，而智能合约正好可以化解此问题，区块链系统上支持任何形式的票据交易。只要在交易前期，智能合约将有关要求以代码的形式写入，便可以利用区块链中不同节点的信息透明、无法更改以及强约束性等特征来防范道德风险。

最后，数据类型票据资产具有去中介化的特点，因其的数据存储以及交易都在区块链上完成，因此无需再搭建中心化服务器便也可以完成票据信息的存储，同时省去了系统接入成本，还极大程度地降低了维护、管理等环节的成本投入。

7.6 产权类

在区块链上进行资产标记化是从近年来区块链技术兴

起开始的一个大趋势之一，由于智能合约的快速发展，需要交易的数字资产也呈爆发式增长。我们可以看到，似乎所有商品都能在区块链上被重新定义。以区块链为平台便可以将房屋、汽车或艺术品实现透明的资产数字化。

让我们举个例子来说明一下如何通过区块链网络在房屋交易中交易产权类资产。

假设现在客户阿兰想在B市购一套房产。在原有的环境中，阿兰首先需要依赖中介、银行和政府管理机构等各个部门来协助将房产的所有权转让给他；然后，再由银行和政府部门负责为该客户所有权信息进行证明。但是由于购房通常需要用到房贷，因此在阿兰购买房产之前，B市的政府职能部门和银行首先需要花时间通过自己内部系统的数据库调查阿兰的职业背景、资产证明、银行流水、信用记录等等。在完成各种手续后，阿兰才能完成购买流程，取得不动产证明。与此同时，B市房产的所有权并不能进行分割出售，阿兰无法快速获得灵活套现能力。

而在区块链环境中，阿兰在B市购房的这一系列过程将通过区块链标记化来完成。通过区块链将物理资产转换为数字资产进行链上管理，并获得了在数字化空间内进行直接交易的功能。假设现在B市有个区块链房产交易平台Block-home，该平台可以将B市所有房产的区位信息、历史交易价格和抵押信息等各种细节都记录在数据库中。此时,区块链能提供包括房产资产的存放、交易、结算、合法注册等功能,这些都将被嵌入在资产的标记化中,有效规避产权纠纷,减少欺诈事件的发生。

此外,该平台还将B市的包括阿兰在内的所有市场参与者的信息和其用户特征都生成其各自的数字身份,结合区块链的不可篡改性,这些上链信息都更加真实可靠。由于区块链上所有节点都能实时验证存储的信息,这样B市的房产交易既减少了对B市政府监管部门依赖,又提高了第三方的信任度。

最后,由于区块链资产能被赋予易流通的属性,因此在Block-home平台上被标记化的同一个链上资产允许被分成多个部分,以便有许多所有者共同持有。因此,对于参与交易的中介、银行以及买卖双方而言,在区块链房产交易平台Block-home上的数字资产带来了权力下放的好处,在资产的安全性、交易速度以及易于验证方面都得到了提升。

在上述区块链房产交易平台Block-home的例子中,由于产权类数字资产可以创新所有权以及服务模式,这也为市场的发展取得了极大的推动力。在未来的发展中,将实体资产进行数字化转换之后,就可以通过资产通证来进行交易:譬如将房产加入了区块链技术后进行通证化,此后参与其中的投资与消费者可以通过购买通证化的房产产权以获取租金或抵押贷款的回报，而售出这部分相关产权的业主则能借助于买家所支付的相应款项来开展其他方面的投资。所以在未来由区块链技术通过映射实体资产所支撑的数字资产还可能将汽车、艺术品等一切现实产权都变为数字化产权。

7.7 版权类

2021年6月，支付宝推出了首个敦煌限量版NFT（NFT：Non-Fungible Token，非同质化代币）的收付款皮肤，支付宝用户仅需10积分+9.9元即可获得总量为8000份的限量NFT，并且在抢到的每个NFT上都有编码、存证时间、哈希值和创作者。例如，编号为AC1001#5068的NFT，其哈希值为03f5bebab026dbe713b05d8033cb01，创作者为"敦煌美术研究所"，存证时间2021.6.23 03：46：12，这些数据就清晰准确地记录了这枚NFT原生代币的编号、艺术家以及所有权。与物理世界中的艺术品不同，这枚编号为AC1001#5068的敦煌限量版NFT永远没有被伪造的可能性。

上文中提到的支付宝推出的敦煌限量版NFT就是典型

的版权类数字资产。当今社会对于数字版权的保护尤其重要，版权内容应用于社会生活。在传统的中心化模式之中，数字内容交换需要借助中心服务器来进行存储。由于在中心化系统环境中下行信息的传递具有非公开性，内容供应商与接收方之间存在着信息不对称的壁垒，这样就容易产生欺诈行为。

随着互联网技术成熟和快速普及，近年来涌现出大量依赖于网络高速发展的文学作品，其无地域性特点使得这些作品得以在大范围内快速传播。从规模角度考量，这些作品大多属于小型甚至微型级别，它们可能是一小段拍摄的视频影像，一首原创的歌曲，或者是短短的几行文字，这些作品通常会在短时间内被大量地转发和引用。这些作品规模很小且数量极大，在进行版权交易时通常会遇到很多新的问题。版权所有人考虑到作品体量较小，如果申请著作权登记，需要支付大量的费用且要等待较长的时间。所以，从经济角度考虑，版权人通常会放弃进行著作权登记。但这种做法，就造成了著作权确权中很大的隐患，如果后续发生因为作品侵权而产生的法律诉讼事件，权利人很难找到合适的证据证明版权的归属，从而在侵权案件中会处于非常被动的地位。这类事件如果大量发生，势必会对网络作品的创作环境产生极大的影响，最终会打击作者的创新动力和原创作品的质量。

当前互联网中，很少有为这些小微作品提供交易的平台，造成作品所有人无法通过有效的途径对作品引用进行授权管理。这些作品可能被大量引用或转发，而作为权利所有人，却很难得到任何收益。所以，针对当前网络上大量出现的小微作品，提供一种行之有效的管理和授权模式，已经成为急需解决的问题。

而当下就有一个非常时兴的方法，那就是将数字技术应用到版权资产管理系统之中，这样就能有效填补当前技术与法律上对于版权保护的不足。若以区块链技术作为核心打造一个去中心化系统，这样内容供应与使用方都能基于同一个维度来对这些信息进行输入和输出的处理。对于数字版权的保护方面，区块链所能提供的功能主要表现在：为数字版权提供"不可逆"、"集成时间戳"、"安全"等记录，方便对版权资产进行清除、登记与跟踪，然后借助于智能合约完成版权资产协议的建立与执行，由此为相关用户提供许可证、付款记录、使用权限等信息。

针对解决版权管理中的盗版问题，可以通过引入区块链技术来解决。由于区块链是通过部署在链上的所有节点的分布式账本以及区块的时间戳技术去做到快速达成全网共识，因此可以在实际操作上实现快速确权：其中不对称加密能保障版权的唯一属性，而区块上的时间戳标识又能辨别版权的唯一性，同时还能明确版权的归属。对于版权所有者，只要在区块链即可完成确权，彻底解决以往传统版权交易中确权机制不高效的问题。

与传统的分散式数字资产交易方式不同，对于同一个数字作品而言，通过区块链能够将所有作品信息和交易记录同时存储在一个逻辑链条中，通过时间顺序将作品创作和交易的全过程串联起来，为数字资产所有交易数据进行追溯提供了方便条件。

如果能在版权登记过程中引入区块链技术，就可以很好地解决这个问题。在作品发布前，作者可以自行在区块链网络上增加一个新的节点，并在节点中加入通过散列算法计算得出的作品哈希值和作者身份信息，同时将获取到的第三方时间服务器的时间戳添加到区块，最后将这个区块发布到区块链中。由于区块链采用"去中心化"的技术架构，这个用于确权的区块就会被所有节点验证并记录下来，当发生侵权行为或需要查找到权利人时，只要查找到区块链中的历史记录，即可证明权利归属。通过使用区块链技术，作者不再需要依赖传统的方式进行版权注册，不仅节省了申请时间，还可以节省大量的成本。

这里我们用一个例子来更好地理解引入区块链技术以后如何进行版权交易。

假设现在英国新锐侦探小说家丹，要在一个结合了区块链存证技术的小说阅读门户网站 Block Novel 上发表他最新的一篇连载小说 The One，丹可以设定触发智能合约的各种组合条件，如所需要支付的费用、订阅期数等信息。现在有个在加拿大的丹的书迷乔治想看这本小说，在缴纳相应的费用后，即可触发 Block Novel 上的智能合约的执行条件，然后平台自动给乔治发送丹的小说 The One 的内容，并在区块链的分布式账本上记录当前乔治的所有交易细节，随后会将交易信息同步到区块链的所有节点上。由于智能合约的交易过程不需要任何第三方参与，而且仅依赖于已经存在的判断规则，因此，乔治的此次交易能够极大地降低交易成本，同时，交易记录采用分布式的形式记录在区块链的节点上，每个节点之间都承担着互相验证的职责，交易记录也不能被随意修改，使交易信息更加真实可靠。

又比如在短视频领域，目前由于它的内容的编制与传播属性，短视频的著作权保护存在极大的操作难度，对他人制作的各种短视频内容进行复制、转载的现象常常发生，单一的侵权行为追偿额度也较为有限，侵权行为本身又具有分散性、难以集中取证等特点，致使受害主体经常不积极主张权利。若是将区块链技术引入其中，那么在平台上制作的相关短视频等的内容创作、转载都会被统一纳入到区块链中，若发生素材具有极高相似性的情况，可以借助区块链上的时间戳与存证信息，来证实原创作者，从而有效解决这些内容被侵权的问题。

7.8 征信类

从某个角度来看,市场与信用经济有着一定的相通性,若是信用体系十分发达,那么就能为经济发展提供重要基础,亦为市场资源配置效率提升、金融风险防范均做出极大贡献。

在互联网征信环境中,由于中心化网络所存在的问题,数据的可靠性、共享性、安全性以及受监督都存在着巨大的问题,信用报告的共享性受到很大约制,个人隐私数据也很难得到保护,在数据的确权方面也面临着不清晰的问题,这些必然会使得该行业发展受到很大制约。

在金融技术不断发展和推动下,作为分布式数据库,区块链具有信息分布式存储模式,同时相关节点可以拓展、数据可追溯且不能更改等属性,共同确保数据访问的安全性,并能为数据共享提供很好支持,这样就能为征信系统的共享数据与隐私保护提供技术支持,逐渐完成新型征信服务平台的搭建,并能对征信行业发展所面临的问题进行很好解决。

在征信平台的搭建过程中引入了联盟链技术,那些进入该联盟链节点的相关征信机构,可以共享征信摘要内容,然后在各自联盟内的成员节点进行加密存储,只有成员内得到授权的节点用户才可以对这些数据进行访问和获取。同时因为区块链中存在内容不可被篡改的属性,这样联盟链上的征信节点就不能对已经建立的征信内容进行更改,这样就能促使数据具有统一性。

此外,信息不对称的问题能得到杜绝,用区块链技术搭建的基础征信系统可以有效解决某些寡头的数据垄断问题。当前政府的信用系统与互联网上的信用系统数据并没有进行对接,难以进行共享。然而若是想要市场经济能够更好运作,就需要主体之间都有共同的基于区块链的征信系统,在整个网络的所有节点上,数据记录具有透明性,而且能够接受节点的查询和检索,从而方便参与主体可以更为平等地访问相关信息。

7.9 游戏类

现在各互联网公司所开发的游戏中的装备也属于典型的虚拟财产。玩家在游戏中通过完成任务、与玩家交易和获得平台给予奖励等方式获取的装备，使得玩家所操控的角色有着更高的属性，如：内力、经验值等，这些装备主要包括挂件、特效、时装与坐骑等，均是典型的游戏类虚拟财产，玩家对他所拥有的装备拥有支配权，这也是平台吸引玩家，增加玩家黏性的重要方式。所以当前的大型游戏公司，诸如暴雪、网易、腾讯游戏等，都有相应的协议与规则去定义游戏装备属于虚拟资产，也是数字资产的一种。

随着移动互联网的兴起，全球的游戏市场也一直处于一个快速扩张的阶段，巨大的付费游戏市场让虚拟游戏资产的交易需求不断扩大。但是现在中心化游戏资产交易平台均有着较为突出的问题，分别表现为平台账号存在安全隐患、交易撮合信息不透明、盗号盗装备横行及其他突发事件风险等。

首先，游戏运营商属于制造游戏道具的人，目前只是在售卖道具方面有所获利，交易过程的获利大部分被平台占有；

其次，游戏公司对于保管和控制游戏资产的能力相对有限，欠缺有效的供应链工具，很难实现高效的溯源与追踪游戏资产。而庞大的游戏资产以数据的形式存放于游戏公司，再通过游戏公司所提供的平台进行交易，因此游戏资产的追溯环节显得更为薄弱；

再者，由于游戏交易局限于游戏内玩家之间，其交易环境相对封闭，因此游戏资产本身的价值一般反映在游戏效果上，而非反映在长期收藏与投资效应上。伴随着全球市场投放在区块链领域的资金规模不断扩大，人们开始逐渐注意到区块链游戏行业。由于区块链存在开放性、匿名性以及透明性等特征，这些均与游戏资产交易时所需要的功能特征相匹配，可以有效解决上述游戏类虚拟资产交易过程中涉及的问题，所以分析游戏类数字资产交易中区块链的应用拥有非常关键的意义。

2021年，"元宇宙"概念崛起，也吸引了众多互联网巨头和资本纷纷加入。"元宇宙"Metaverse 是 Meta 和 Universe 的结合，Meta 为超越，Universe 是宇宙，Metaverse 是一个虚拟空间的集合，也是人类意识中的虚拟现实交互。"元宇宙"Metaverse 概念的首次出现是在1992年的科幻小说《雪崩》中，该小说不乏对赛博朋克和虚拟现实交互的描绘，用一个平行于现实世界的虚拟世界，进一步唤起人类对"元宇宙"的探索。2018年史蒂文·斯皮伯尔格的电影《头号玩家》中同样打造了具有异曲同工之妙的"绿洲"，这是一个更具象化的"元宇宙"形态。

短短几年中，"元宇宙"吸引了许多互联网巨头的目光，微软、谷歌、脸书、HTC、字节、网易、腾讯等互联网科技大厂开始争相逐梦"元宇宙"概念。直到2021年3

月，素有"元宇宙第一公司"之称的Roblox在美国纽交所成功敲钟上市，其开盘首日的估值就已超过400亿美金，这款游戏首创的虚拟现实交互等玩法吸引了全球超过百万的游戏开发者。可以说Roblox的成功也加速引爆了"元宇宙"概念。中国电子商务产业园发展联盟区块链专委会副主任吴桐在某次采访时表示，"元宇宙"创造了平行于现实世界运行的人造空间，是VR/AR、5G、云计算、区块链等多种技术打造的集合式、高维度产物，是对广义虚拟经济的现实实践。

显而易见，"元宇宙"的概念很容易在区块链里得到更好的延伸，而区块链网络的特点也能在元宇宙中得到更好的价值体现。

Decentraland是在以太坊主网上建立的"元宇宙"，玩家可以自由创建、体验和交易他们在上面创造的游戏资产。

Axie Infinity是2021年夏天最受全球数字货币投资者和游戏发烧友所追捧的"元宇宙"概念的区块链游戏。玩家在Axie游戏上通过带领宠物战斗、升级，还能收集更多的游戏道具和培育新宠物。

上述两个"元宇宙"概念的区块链游戏的出现，代表游戏类数字资产可借助完善的区块链系统，把交易双方与交易平台全部整合在相同的区块链系统当中。自游戏资产的生产至交易所牵涉的不同环节都依循智能合约规定的流程展开，所有交易信息都存储在链上，确保数据可追溯且无法篡改。此外，另外搭载了区块链浏览器、内容系统及不受3D界面限制的显示系统，可以把抽象化的区块链数据更直观地呈现出来。

在区块链游戏平台上，数字类资产是其中的关键组成，整个区块链系统的运作也是围绕数字资产的所有权变更进行的。在系统实现过程中，可以选择区块链系统与中心化系统共存的存储架构，实现游戏类数字资产的储存。

那么在Metaverse"元宇宙"中，作为连接玩家与游戏平台的一个重要桥梁，数字资产是如何在游戏中进行交易的呢？

首先，游戏上的数字资产图片模型将以摘要方式储存于区块链上，然后再将图片以物理储存的方式放于游戏公司的云服务器中；

随后通过对数字资产的图片与模型展开哈希运算，便能够获得哈希值，并以摘要信息存储在区块链网络上，同样的图片与模型经过相同的哈希加密的方式，才会得到一致的结果。这不但可以确保游戏资产的图片模型信息不会受到随意改动，还可以防止占据较多的储存空间，造成系统过于臃肿，从而保障了游戏类数字资产的安全性。

让我们举个简单的例子来更方便地理解上述过程，当游戏中的玩家辛迪看中了玩家肯的某道具，要在游戏中进行交易的时候，这个交易将如何进行呢？

区块链系统会先将玩家肯的这件道具进行封装，将关于这件道具的详情信息以摘要模式汇编成一串字符，同时用肯的私钥对这件道具进行加密，生成数字签名保证这件道具的完整性，防止本次交易被篡改和伪造；

随后区块链系统会将交易信息广播至整个主网，当玩家辛迪接收到信息时，即可对本次与肯之间的交易加以验证，证实确定此笔交易是从肯地方发起，并未被篡改；

等到玩家辛迪验证完此次交易后，再发送支付交易的请求，将货款以加密货币或者其他数字资产的形式发送到玩家肯的地址上。

至此，肯收到了来自辛迪的交易请求中的加密货币，而辛迪也收到了来自肯的交易请求中的道具，同时区块链系统还将本次辛迪和肯之间的交易详情发送至全网广播，记录在区块链系统上，所有交易中的验证均已完成，代表交易到此结束。

依据区块链本身的特征，可以实现游戏资产以更快、更公平、更高效的方式进行流通和交易，多维度挖掘游戏资产的价值，进而构建全新的游戏资产交易市场，给进一步助推游戏资本市场的壮大提供持续可靠的支持力量。

第八章

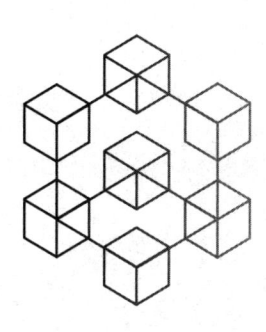

数字经济的下一个路口

数字经济起源于一场综合性的革命——数字革命，其特点是把计算机的二进制思维0和1的不同组合去构成信息的基本传输单位，实现了从模拟向数字转化的过程，数字革命带来了新的机遇和挑战，也加大了全球范围内的数字鸿沟。

人类文明已经由工业时代进入数字时代。在新的时代里，数字信息与知识已经成为极为重要的生产要素，信息网络在这个时代成为重要载体，利用信息技术可以对经济效率进行提升，同时优化经济结构。

如果说信息化是人类发展的一个历史阶段，那么网络化则是实现信息化的社会结构基础，而数字化则是实现信息化的一种技术手段。

8.1 从信息互联到价值互联

2019年4月我国信息通信研究院正式发布《中国数字经济发展与就业白皮书》，文中明确表示，数字经济涵盖了：第一，数字产业化。也就是我们常说的通信产业。第二，产业数字化。具体就是将过去的产业通过数字化创新，从而使得生产效率与质量得到提升。第三，数字化治理。具体借助于有关数字技术来对治理体系加以完善，进一步提升相关单位的综合治理水平。

信息论和数字革命从1950年开始出现了技术性的突破，成为了第三次工业革命的主要技术推动力。和以往一样，第三次工业革命的动力并非技术本身，而是由技术改变的经济和社会结构的变革。信息的存储、处理和传输技术的突飞猛进全面实现了数字化世界，让各行各业都开始"重新格式化"，带来了全球范围内的社会变革和发展。

数字革命的起源是以因特网为标志的数字技术创新，因而数字经济业态发育必然要追溯到因特网技术的形成与发展。在20世纪后半叶，因特网取得了极大的发展，从最为原始的阿帕网进一步发展到影响全球的因特网，再到如今的信息高速公路，变革为全球数字经济的发展提供了重要支持。

（一）阿帕网阶段

因特网诞生于滥觞之地的美国，其前身是阿帕网阶段。当时是基于军事防御，为了对抗冷战期间核战争等突发事件的破坏，美国国防部不再相信单一计算机系统集中式管理的网络，转而寻求了高科技支持下的军备优势，提出了"一种巨大网络"的概念，这种网络不需要对某个中央控制计算机进行依赖。这种设定成就了此后的因特网，使得相应网络即使某个局部遭遇破坏，也不会造成整个网络的停运。早在1969年,加州大学、斯坦福大学等高等学府及其某些分校的大型计算机首次相互连接,正式构建了最初的阿帕网。这奠定了此后因特网发展的重要里程碑。

(二) 因特网阶段

20世纪80年代,阿帕网逐渐被过渡到了因特网。根据阿帕网分组交换技术和网络互联技术的研究基础,TCP和IP协议于1974年成功完成了开发。其中TCP的核心功能就是让信息在整个网络体系中能够进行可靠传输,确保信息在传递之时不会遭遇破坏。而IP协议则能使得信息以从原点到目的地的方式进行依次传输,无论在传输过程中涉及多少个中转点。TCP和IP协议共同规范了网络上诸多节的信息传输,以及网络上的所有通信,这决定了它们最终成为计算机网络互联的核心技术的关键。

1985年美国科学基金会成功借助于这两个协议将各大高等学府与科研院所的计算机进行了连接,然后基于局域网络,实现了整个美国的广域网,随后该网络又进一步拓展到全球其他国家的计算机网络,由此构成了全球性的因特网,这样也就将原本美国的阿帕网进行了取代。因特网拥有开放的网络结构、统一的网络互联标准和分散化的管理几大特点。

(三) 信息高速公路阶段

从1993年起,全球范围开启了信息高速公路建设的计划。由硬件、软件、信息数据和技术标准组成的信息高速公路的成功建设为数字经济进一步提供了多媒体、宽带、无线通信、计算机网络等支持。从该公路的构成与支持技术来分析,它实际上就是因特网进行创新而实现的新的成果,使得人们能够更加快速地通过因特网进行信息交互,而且传递的信息种类更加多元,信息传递的准确度也得到显著提升。这些信息种类涉及"视频""音频""图文"等,另外在信息存储与处理方面的技术也取得了极大的进步。这种高速公路系统发展到如今具有大规模性与开放性。

8.2 数字经济的下一个路口

数字革命的兴起和数字经济的诞生,除了技术方面的支撑以外,也受到制度环境变革的影响。从宏观制度环境角度来分析,美国所提倡的自由主义以及市场在全球经济中得到很大的渗透,尤其是基于数字技术的传媒与电信业,其自由度得到显著提升,亦为数字经济进步提供了重要的大环境。

20世纪流行的主流经济学论调都认为在经济发展领

域，技术创新的重要性极为突出，而忽略掉了重视分析制度，甚至是故意忽视制度因素对经济发展的作用。这使得在对经济进行分析时容易陷入到理想化的窠臼，对经济增长进行解释的理论支撑也显得较为纤薄。

美国经济学家道格拉斯·诺斯认为，若是技术处于较稳定状态，那么对制度进行创新也能实现相应经济增长。在经济增长环节，技术创新仅仅是其中的一个现象，而且这些技术创新也是相应制度创新的必然结果，正是如此，在经济增长环节，制度革新的重要功能开始受到人们的关注。

如今数字经济是继农业、工业经济后一种新的经济形态，它可以对相关重要的生产要素进行数字化转换，并借助于网络来对资源配置效率进行提升，同时也是当前产业升级、高质量发展的重要动力，已经是当前国际上经济竞争的关键点。

毫无疑问，在数字经济时代，区块链技术无疑是其发展的重要成果，它不需要对第三方或中心机构进行依赖，可以借助于分布式节点来对诸多数据进行验证、传递与存储等。且这种技术还具有公开、永久、可追溯等诸多属性，为金融服务中所涉及的去中心化、隐私保护等诸多问题提供很好的技术解决方案。

系统科学认为人类的客观世界构成要素为信息、物质与能量,大量的基础设施则组成传递这些要素的系统。

在工业经济体系下,社会系统传输的主体为能量与物质,因此交通、电网与管道运输等构成了主要基础设施。当今已迈入数字经济纪元,以比特为字节单位的信息开始成为主要的传输对象,为了对其进行更为高效高质量的传输,人们成功开发出"信息高速公路",这也成为当前对信息进行传输的重要基础设施。信息网络所涉及的关键要素包括了传输、计算与存储能力,是数字经济时代下的重要基础设施。

数字革命不但为互联网带来了巨变,也带来了实质性的颠覆,其本质就是实现了数字化,这一点与之前的工业革命有着本质的差异。数字革命直接导致了全球数字化程度极限上升,存储数据的能力取得了极大的突破,这也使得大数据存储成为了可能。

大数据的本质就是基于数据分析获取相应价值,这个从数据到信息转变的过程需要相应IT技术的支持,具体涉及:

第一,检索与存储技术。如分布式存储的文件系统。

第二,处理技术,主要涉及云计算、网格计算等,来支持对海量数据进行实时处理。

第三,应用技术,譬如各种语音识别和理解,影像图辨识和可视化的数据等。将相关数据进行加工就能得到相应信息，但是信息本身并不是能够为决策提供支持的知识，为此将信息转换成知识，还需要相应理论给予支持。

数据转变为信息，再进一步转变成知识的过程充分彰显出数字革命的核心本质：借助于数据来生成相应信息与知识。这个过程可以让数字资产转换成能够促进生产力发展的知识和催化剂。

包括微软在内的巨头科技公司都坚信，通过混合现实，不但能创造极致计算机体验，还能让数字世界和物理世界合二为一。数据与显著的计算机存储和认知能力的相结合，会从各个层面改变社会面貌，催生出所有领域中无法想象的新机会，逐渐走向混合现实和虚拟世界的交汇融合。

与以往两次工业革命时期相比，与劳动力进行契合的资本已经不再局限于各种实物资本，那些将数字进行加工处理的数据资本已逐渐成为主流，为此数字革命所实现技术发展，就升级成为关于数据的处理、分析与运用等技术水平的提升。

如今数字经济已经是促进各个国家经济迅速发展的重要驱动力，当前国家之间的国力竞争也开始上升到信息产业层面的竞争。在全球推进数字经济发展的背景下，跨行业、跨公司等的相关数据交流需求不断提升，不同格式和类型的数据由此可能碰撞出更具有价值的信息，这些都将进一步激发数据技术的迅速发展,形成了"大数据"结构,由此也形成更多更为复杂、冗余、综合的问题,使得数据挖掘和使用的成本开始不断提升,为此有必要积极构建混合数据平台来进行对数据孤岛的破除,同时汇聚和共享数据以及解决相应数据主权问题。

事实上当前物理空间内的基础设施已经在迭代升级中迅速发展,这些基础设施的升级也融合成为了更高数字化特征的组件,也是当前发展数字经济的重要基础。

此外,由于以往互联网模式下的数据共享的方式首先需要搭建统一的数据接口以及数据交换中心,还需要统一的接口将各部分的数据汇总到数据中心,显然这会造成数据分配、责任分级的不均,甚至会危害到数据隐私,并无法解决数据的安全、高效的共享,一定程度上也会制约数据的自由化流通和数字经济发展的进程,阻碍多维度的数字经济商业模式的发展和协同化的后期治理。

在数字技术高度发展的背景下,与经济交汇融合的深度与广度达到了前所未有的高度,社会环境正在数字化融合发展。随着人类的生活生产模式出现极大改变,人们获取应用知识的能力得到显著提升,相应的数据与信息总量也在快速增长,因此将数据进行科学挖掘与利用的过程也是对资源进行合理配置与利用的过程。整个社会正在面临着巨大的革新,数据自然就成了人类极为重要的战略资源。

在数字革命中，获取信息价值的过程为：将数据转换成信息，再进一步转换成知识。于是数据就成了相应的"资产"，这也得到了很多人的共识。当然并非全部的数字信息都有价值性，只有那些具有价值的数据才能被视作"数据资产"，并能将其进行交易与变现等。尤其是大数据时代，交易数据已经成为重要发展方向，这也是将数据价值进行价值实现的重要形式。不过该商业模式的关键就在于定价问题，这也使得此问题开始受到社会广泛关注。

习总书记在2017年政治局第二次集体学习中明确提出，"要构建以数据为关键要素的数字经济"。《二十国集团数字经济发展与合作倡议》指出，"数字化的知识和信息作为关键生产要素，推动人类社会进入全新的数字经济时代"。这也表明发展数字经济如今也已经成为我国的重要发展战略。

8.3 数字存在于万物的世界

区块链技术的降世，以及以区块链作为底层技术的比特币和所有衍生出来的数字资产，向我们展现了原子世界外的另一个全新的世界——加密世界。互联网翻开了人类文明的新篇章,为加密世界的到来谱写了完美的前奏;当代信息技术的革命所创造的数字世界,又为加密世界提供了用密码学映射到区块链的平行网络的可能。Web互联网和移动互联网用将近二十年的光阴为加密世界迎来了日出的第一缕朝霞;科技的进步推动了这个由密码学和算法驱动的世界;金融科技又为加密世界注入了变革的神秘力量;点对点网络的理论体系也在等待着更多的商业应用场景。

密码学上的信任,是互联网世界跨向新世界的完美收官,而人类文明也终将进入人类和代码文明的终极共生时代。

万物相连,一切的价值存储介质都可以用代码来实现,未来将是代码存在于万物之中的世界。

区块链无疑是继互联网底层协议之后的极大创新,从历史视角来分析,新技术的问世与其最终在社会中所发挥的作用往往具有一定的差异性,在推动社会发展效果方面也有很大的不同。譬如因特网的问世使得应用领域得到极大的创新,演化成"互联网+传统行业"的潮流;云计算的发展,则对基础设施部署、业务处理模式进行了革新,对资源应用权与所有权的关系进行了重新界定,使得部分运营成本(例:基础设施)的投入门槛显著降低;大数据分析技术则能将现实世界进行数据化转换，为实现管理决策的自动化与智能化提供支持。虽然这些技术的应用与业务创新不断涌现，然而从本质上说都是基于IT与因特网技术的进一步发展，是互联网技术树下的低垂之果，并没有实现颠覆性创新。

正如马丁·沃尔夫所言，"低垂之果"被采摘得所剩无几。作为当前稀有的"低垂之果"，区块链技术的问世，不但极大地推动商业体系的创新，同时还对现有因特网的商业制度、参与主体的关系带来极大的挑战。当前以互联网作为基础的商业都是以信任作为基础，相关参与主体在其中进行协作与分工，从本质上还是对传统商业模式的继承与延续，双方交易离不开信任与合同条款的支持。在互联网上实现资产的转移，则主要是通过银行等第三方信用中介的金融机构来进行保障，结算与清算也是基于集中式机构来进行统一完成。

区块链技术所具有的去中心化特点，使之在去信任方面有着独特优势，这也是其对传统商业机制与流程进行颠覆的主要优势。将区块链从货币属性进一步发展到基于智能合约下的可编程现金之后，依赖规则的中心化模式能解决企业端争议、人与人的信任关系等问题，并对已有的商业模式与制度带来根本性的创新乃至颠覆性的想象空间。在物联网技术发展下，现实物理环境与虚拟网络环境的交互联通成了可能，未来也将实现人工社会系统与虚拟网络环境的平行交互，以此来对社会系统提供更多的协同支持和优化，成为现实物理环境的平行世界。展望未来，更多的现实物理世界的资产都将可以逐步转换成区块链上的数字资产。在区块链驱动下的新商业模式全面到来之际，就是这种平行世界到来之时。

参考文献 Reference

[1][美国]凯文·凯利.失控：机器、社会与经济的新生物学[M].新星出版社，2010.

[2][日本]森欣司.自律分散系统入门：从系统概念到应用技术[M].科学出版社，2008.

[3]中国区块链技术和产业发展论坛.中国区块链技术和应用发展白皮书[R].中国:工业和信息化部信息化和软件服务业司，国家标准化管理委员会工业标准二部，2016.

[4]CSDN.入门篇（一）理解区块链原理与以太坊的运行机制[EB/OL].[2019].https://blog.csdn.net/a787365405/article/details/103610280.

[5]朱扬勇，叶雅珍.从数据的属性看数据资产[J].大数据（Big Data Research，BDR），2018（（004）006）.

[6]余涛，毕军，吴建平.未来互联网虚拟化研究[J].计算机研究与发展，2015（09）.

[7]韩爽，蒲宝明，李顺喜，等.区块链技术在数字资产安全交易中的应用.计算机系统应用，2018，27（3）:205209.http://www.c-s-a.org.cn/1003-3254/6247.html.

[8]搜狐.区块链为分布式能源互联网交易带来新思路[EB/OL].[2020-07].https://www.sohu.com/a/393613692_686936.

[9]CSDN.以太坊的去中心化交易所[EB/OL].[2020-02].https://blog.csdn.net/whatday/article/details/103802998.

［10］CSDN.0x 协议［EB/OL］.［2020-02］.https://blog.csdn.net/wm609972715/article/details/82890579.

［11］电子发烧友.去中心化应用生态系统 Kyber 介绍［EB/OL］.［2019-12］.http://www.elecfans.com/blockchain/921523.html.

［12］罗伟恒.论区块链技术下我国公司债券发行的基本逻辑与制度建构［D］.华中师范大学，2018.

［13］谈嵘，顾大笑.区块链在数字票据的应用［J］.银行家，2019（11）.

［14］张守坤.密码学货币及其在金融领域中的应用研究［D］.哈尔滨商业大学，2016.

［15］36kr.去中心化交易所 Kyber 和 0x 值得投资吗？［EB/OL］.［2020］.https://36kr.com/p/5120284.

［16］陆岷峰，王婷婷.基于数字经济背景下的数字资产经营与管理战略研究——以商业银行为例［J］.西南金融，2019（11）.

［17］田绘，林北征.司法区块链的实践与展望［J］.学习时报，2020（1）.

［18］王凯正.基于区块链技术的众筹平台的设计与实现［D］.内蒙古大学，2017.

［19］互链脉搏.STO 大爆发是通证经济学的福音还是区块链的末日？［EB/OL］.［2020］.http://caifuhao.eastmoney.com/news/20181015203842384240570.

［20］金融界."区块链+信托"：金融科技创新和应用［EB/OL］.［2020］.https://baijiahao.baidu.com/s?id=1652401934257530573

&wfr=spider&for=pc.

［21］鲁嘉宁.区块链技术在信托行业的应用［D］.山东大学，2018.

［22］张亚伟.基于区块链的数字资产存证系统设计与实现［D］.山东师范大学，2019.

［23］曹红丽，黄忠义.区块链:构建数字经济的基础设施［J］.网络空间安全，2019（5）.

［24］向书坚，罗胜.政府资产负债表中的资产范围问题研究［J］.统计与信息论坛，2017（6）.

［25］王桂堂，张钰.信息时代区块链嵌入下的征信体系探讨［J］.征信，2018（9）.

［26］任鹏，陆旭昇.基于区块链的游戏资产交易系统［J］.现代商贸工业，2019（17）.

［27］石超.区块链技术的信任制造及其应用的治理逻辑［J］.东方法学，2020（1）.

［28］潘云鹏.基于区块链的数字资产信托业务创新与探索［J］.现代商业，2018（35）.

［29］丁萌萌.区块链技术在保险行业的应用分析［J］.中国保险，2019（12）.

［30］夏凡；许金叶.区块链的产生根源及其本质［J］.区块链系列文章，2017（13）.

［31］林永青.何为通证经济?［J］.金融博览，2019（1）.

［32］杨超智.抗矿池集中化的共识机制研究［D］.大连海事大学，2018.

[33] 袁勇, 倪晓春, 曾帅, 等. 区块链共识算法的发展现状与展望 [J]. 自动化学报, 2018 (11).

[34] 姚前. 区块链技术的激励相容: 基于博弈论的经济分析 [J]. 清华金融评论, 2018 (9).

[35] 孙继飞, 李赫, 杨泳, 等. 基于区块链 2.0 的以太坊初探 [J]. 金卡工程, 2017 (1).

[36] 全骐, 张若雪. 基于 UTXO 和区块链的资金穿透记账系统 [J]. 上海金融, 2018 (4).

[37] 唐长兵, 杨珍, 郑忠龙, 等. POW 共识算法中的博弈困境分析与优化 [J]. 自动化学报, 2017 (9).

[38] 高远. 对"蜂群思维"的借鉴 [J]. 经济研究参考, 2015 (71).

[39] 谭珍珠. 基于 Linux 的自律分散子系统设计与实现 [D]. 西南交通大学, 2009.

[40] 随煜而安. 非对称加密概述 [EB/OL]. (2018-07-29) [2021-07-09]. https://blog.csdn.net/u011583927/article/details/81272265.

[41] Peter 王广忠. 什么是非对称加密 [EB/OL]. (2018-12-24) [2021-07-09]. https://zhuanlan.zhihu.com/p/53159565.

[42] 夏才艳. 2021 年中国及各省市数字经济政策汇总 [EB/OL]. (2021-02-04) [2021-07-14]. https://weibo.com/ttarticle/p/show?id=2309404600848469852651.

[43] 企研数据. 2020 年国家层面五大数字经济相关政策一览 [EB/OL]. (2020-12-16) [2021-08-26]. https://zhuanlan.

zhihu.com/p/337269840.

[44] 工信部信息中心.2018中国区块链产业白皮书［R］.北京：工信部，2018.

[45] 比特币未来交易所Rick.去中心化和中心化的区别［EB/OL］.（2019-09-20）[2021-07-09].https://zhuanlan.zhihu.com/p/83390261.

[46] 白话区块链.区块链入门：分布式、去中心化、多中心化是同一回事吗？［EB/OL］.（2019-01-27）[2021-07-09].https://www.8btc.com/article/352463.

[47] 链媒财经."去中心化"与"分布式"其实是两种概念［EB/OL］.（2020-05-25）[2021-07-09].https://baijiahao.baidu.com/s?id=1667655246316349371&wfr=spider&for=pc.

[48] 瑾兰.全面介绍分布式系统［EB/OL］.（2018-06-06）[2021-07-09].https://www.jianshu.com/p/bc764647169c.

[49] 矩阵元技术.区块链中五种常见共识算法 你知道几个？［EB/OL］.（2018-08-07）[2021-07-09].https://zhuanlan.zhihu.com/p/41445833.

[50] 布比区块链.共识算法｜四种常见的共识算法详解［EB/OL］.（2021-02-02）[2021-07-09].https://baijiahao.baidu.com/s?id=1690576621966359282&wfr=spider&for=pc.

[51] 区势传媒.共识算法指南：什么是共识机制？［EB/OL］.（2018-10-10）[2021-07-09].https://www.sohu.com/a/258607640_100195591.

[52] 币圈新贵.大白话谈谈所谓的共识算法［EB/OL］.（2018-

04-03）［2021-07-09］. https://baijiahao. baidu. com / s? id=1596716220487547783&wfr=spider&for=pc.

［53］创空网｜区块链三加一.完整解析：什么是共识机制［EB/OL］.（2018-07-09）［2021-07-09］.https://www.sohu.com/a/240144324_500634.

［54］待字闺中.十分钟讲清楚共识机制［EB/OL］.（2018-04-25）［2021-07-09］.https://www.sohu.com/a/229389948_211120.

［55］yinnnn.知乎首份区块链面试指南之共识算法［EB/OL］.（2018-03-13）［2021-07-09］.https://zhuanlan.zhihu.com/p/34474913.

［56］程序员小灰.漫话：什么是拜占庭将军问题？［EB/OL］.（2018-05-07）［2021-07-09］. https://blog. csdn. net /bjweimengshu/article/details/80222416.

［57］知乎专栏.如何理解拜占庭将军问题？［EB/OL］.［2021-07-09］.https://www.zhihu.com/question/23167269.

［58］初夏虎.拜占庭将军问题深入探讨［EB/OL］.（2015-10-16）［2021-07-09］.https://www.8btc.com/article/70370.

［59］小伙车.什么是拜占庭将军问题？［EB/OL］.（2018-05-07）［2021-07-09］.https://www.jianshu.com/p/5a020981a48b.

［60］知乎问题专栏.什么是哈希算法？［EB/OL］.［2021-07-09］.https://www.zhihu.com/question/20820286.

［61］区块链兄弟.内容综合自公众号：区块链及加密货币研究、EXV星球、区块链艾迪生.华章图书：《链接未来：迎接区块链与数字资产的新时代》《区块链开发指南》.据说，80％的人都搞不懂哈希算

法［EB/OL］.（2018-05-23）［2021-07-09］.https://www.sohu.com/a/232586831_100078137.

［62］peter 王广忠.哈希算法［EB/OL］.［2021-07-09］.https://zhuanlan.zhihu.com/p/45811215.

［63］周衍.默克尔树：优化区块内部数据结构［EB/OL］.［2021-07-09］.https://zhuanlan.zhihu.com/p/97533538.

［64］百度文档.加密学基本原理［EB/OL］.［2021-07-09］.https://wenku.baidu.com/view/86c663d385868762caaedd3383c4bb4cf6ecb74a.html.

［65］百度文库.新制度经济学理论［EB/OL］.［2021-07-09］.https://wenku.baidu.com/view/d547a86cd4bbfd0a79563c1ec5da50e2534dd161.html.

［66］百度百科.分布式网络［EB/OL］.［2021-07-09］.https://baike.baidu.com/item/分布式网络/8951687?fr=aladdin.

［67］孙金帅.我国上市公司会计信息质量与市场微观结构特征的研究［D］.天津大学，2013.

［68］屠光绍.交易体制 原理与变革［M］.7-208-03426-5.上海人民出版社，2000.

［69］赵英奎.证券与期货投资［M］.7-5058-5942-0.经济科学出版社，2006.

［70］艾维娜，杨坚争，王林.互联网视角下生鲜O2O商业模式研究——以"厨易时代"为案例［J］.当代经济管理，2016（2016年第1期）.

［71］翟湘琳.互联网经济下的企业新常态［J］.商情，2015

（2015年17期）．

［72］全宇平．关于网络外部性研究的文献综述［J］．商情，2018年（2018年第15期）．

［73］第六届公司治理国际研讨会．论网络外部性影响下的百度发展许可［C］．东北财经大学、南开大学，2011-08-20．

［74］宋正．平台经济发展对我国劳动关系的影响［J］．商情，2017（2017年第51期）．

［75］蔡传里，许家林．上市公司信息透明度对股票流动性的影响——来自深市上市公司2004～2006年的经验证据［J］．经济与管理研究，2010（2010年第8期）．

［76］孙长昊．高可靠高性能金融交易撮合系统设计［D］．浙江大学，2013．

［77］屠光绍．《证券登记结算管理办法》导读［M］．7-5049-4134-4．中国金融出版社，2006．

［78］刘逖．平台的未来——移动互联时代交易所运营方法论［M］．2017年11月第一版．格致出版社、上海人民出版社，2017．

［79］丁化美，任碧云．交易所：功能、运转及效力［M］．2014年4月第一版．中国金融出版社，2014．

［80］洛德韦克·彼得拉．全球首家交易所史话［M］．2016年12月第一版．东方出版中心，2016．

［81］陈建伟．中国证券交易所公司化改制研究［M］．2018年9月第一版．北京大学出版社，2018．

［82］丹尼尔·德雷舍．区块链基础知识25讲［M］．2018年11月第一版．人民邮电出版社，2018．

[83] 安德烈亚斯·安东诺普洛斯；林华，等译.区块链——通往资产数字化之路 [M].2018年4月第一版.中信出版集团，2018.

[84] 刘洋.区块链金融：技术变革重塑金融未来 [M].2019年10月第一版.北京大学出版社，2019.

[85] 长铗，韩锋，等.区块链：从数字货币到信用社会 [M].2016年7月第一版.中信出版集团，2016.

[86] 黄振东编著.从零开始学区块链：数字货币与互联网金融新格局 [M].2017年5月第一版.清华大学出版社，2017.

[87] tiny熊.什么是拜占庭将军问题？[EB/OL].[2021-07-09].https://www.cnblogs.com/tinyxiong/p/8425901.html.

[88] 张佳南.计算机网络安全管理 [M].7-5005-5987-9.中国财政经济出版社，2002.

[89] 杨远红，等.通信网络安全技术 [M].7-111-17548-4.机械工业出版社，2006.

[90] mengzaishenqiu.区块链技术架构分析（一）——数据层 [EB/OL].[2021-07-09]. https://blog. csdn. net / mengzaishenqiu / article/details/80859803?spm=1001.2014.3001.5501.

[91] mtgox破产｜陀螺财经.门头沟Mt.Gox破产事件始末梳理给我们什么教训 [EB/OL].[2021-07-09]. https://www.tuoluocaijing.cn/article/detail-73526.html.

[92] 链虎财经.盗窃、起诉……Mt.Gox丢失85万BTC之后的5年里，它发生了什么？[EB/OL].[2021-07-10].https://baijiahao. baidu. com / s? id=1628135144413594331&wfr=spider&for=pc.

[93] 购币网.比特币第一疑案,门头沟(Mt.Gox)被盗事件[EB/OL].[2021-07-09].https://www.sohu.com/a/204990909_99927445.

[94] 每日经济新闻.反复变脸!马斯克一句话,比特币坐过山车,20万人爆仓,120亿蒸发……[EB/OL].[2021-07-09].https://baijiahao.baidu.com/s?id=16999869988221544111&wfr=spider&for=pc.

[95] 新浪科技.币圈"慌了":马斯克与比特币彻底决裂了?[EB/OL].[2021-07-09].https://baijiahao.baidu.com/s?id=17017131762656334337&wfr=spider&for=pc.

[96] 赵铁宇.基于相位恢复算法和公钥密码学的光学图像加密技术研究[D].哈尔滨工业大学,2016.

[97] 杨伟杰.基于区块链的分布式文件存储系统的设计和实现[D].华中科技大学,2019.

[98] 币圈揭秘.什么是比特币ETF[EB/OL].[2021-07-09].https://zhuanlan.zhihu.com/p/396442045.

[99] 毛利五郎.加拿大批准比特币ETF,拉开数字货币交易新序幕[EB/OL].[2021-07-09].https://baijiahao.baidu.com/s?id=1691861050560261100&wfr=spider&for=pc.

[100] 美国往事.比特币ETF,你了解多少?[EB/OL].[2021-07-09].https://zhuanlan.zhihu.com/p/40742241.

[101] 知乎问题专栏|作者:洪七公、41财经等.什么是比特币ETF?为什么比特币ETF那么难通过?[EB/OL].[2021-07-09].https://www.zhihu.com/question/376143560.

[102] 火币研究院：王天琛，许妙言，陈晗，袁煜明.北美首支比特币ETF的市场效应分析与展望 [EB/OL].[2021-07-09]. https://www.sohu.com/a/474511286_100217347.